大澤弁護士の俳句事件簿

本阿弥書店

大澤弁護士の俳句事件簿＊目次

装幀　斉藤舞佳
写真協力　大槻　茂
曽根雄司ほか

大澤弁護士の俳句事件簿

法曹の礎

世間を震撼させた大阪地検特捜部の証拠を改ざんした元検事が実刑に処せられ、本人もこれを受け入れ服役することが確定したことが報道された。

この事件が発生した平成二十二年の秋以降、私は故郷が破壊され炎上しているような衝撃と感慨のもとに、一連の事件の顛末を凝視せざるを得なかった。

烈日は釣瓶落としに闇の中　鷹雪

昭和四十七年四月、私は「秋霜烈日章」（検事のバッチ）を胸に東京地検の新任検事となった。その時の心境は、

春風や闘志いだきて丘に立つ　虚子

そのものであった。法律家としての一歩を踏み出し、社会正義のために一生を捧げようとの気負いもあった。

この思いを一撃したのは、当時の刑事部長の訓辞であった。「諸君らは司法試験に合格し司法研修所を出て、法律は今一番詳しいかもしれない。しかし君らは人間について、男女について社会について、社会の仕組みについては無知無能である。そのことを知らしめることから教育を始める。今東京地検では、浅間山荘事件のために人手が足りない。半人前にも満たない君らを、早急に一人前にしなければならない。自分の検事としての全てを、君らにたたき込むから覚悟するように」

実際始まってみた決裁は、厳格そのものだった。全ての調書の誤字脱字、てにをはのおかしい点や、供述の矛盾する点を付箋によって指摘され、指導官や副部長を通った決裁でも部長決裁の際には、私ばかりではなく指導官副部長も並んで叱責される日々であった。決裁での忘れられぬ言葉がある。「君は明日からでも弁護士になれる身ではないか。この事件を弁護士の立場から見て、どこを突けば無罪になるか言ってみよ。有罪になる証拠ばかり集めて、それで事足りると考えるのは、法律家の捜査ではない。無罪になる可能性を反対の立場である弁護士の目で見て検討し、それでも有罪と確信できる証拠を集めなければならないのだ。百パーセントでは足りない。最低でも百二十パーセントの証拠が必要なのだ。」単純な傷害事件と考え罰金にするつもりで決裁を受けたところ、「君は君個人の名前で人を裁判にかけることの出来る独任官庁である。いわば君個人で国家そのものになるのだ。未熟な君が国家を代表することになる恐ろしさをもっと自覚せよ。こんな事件を罰金などとんでもない」と指摘され顔色が変わった私に向かって「まさか被疑者に罰金で済ましてやる、などと言ったのでは無いだろうな。その顔では言ったな。国家が一旦約束したことは守らなければならない。罰金で処理してやる。しかし、裁判にかけなければいけない者を、罰金で済ましてしまった事の責任は自覚しておけ」

鷹匠や筋を読み切る検事の目　鷹雪

部長との決裁を通じて、一字一句をゆるがせにしない正確さと検察官判断の際の深さと広さと責任の重さを自覚させられ、この初期教育によって検事としての魂だけではなく法律家の魂もたたき込まれたと思う。数カ月後、公判部に移り、捜査の結果を実際裁判でどのように評価されるかを体感することとなった。

風呂敷に決め手の証拠春の風　鷹雪

法廷でも当時の名物裁判長から「あなたは国を代表してそこに居るのでしょう。曖昧な答えはしてはなりません」と厳しく叱責される良い意味での「可愛がり」を受けた。

今も私の法律家の基礎は、新任検事当時の教育のおかげであると思う。一連の大阪地検の事件を見るにつけ、一番の原因は、先人が私たちに伝えた法律家としての魂を私たちの世代が、後輩達に伝えきれなかった点ではないか。検察の立て直しを担う責任者となった最高検検事は、「教育による人材養成が全てである」と述懐している。

野分けあと錆の浮き出る剣かな　鷹雪

法律家の盲点

東日本大震災から間もない平成二十三年三月二十三日、日弁連は全国の弁護士に呼びかけて「震災時における法律相談」をテーマに緊急対策研修会を実施した。講師は平成七年阪神淡路大震災の際、被災者の法律相談に当たった兵庫県弁護士会の弁護士二名であった。この時強調されたのは、激甚災害時の法律相談は法律問題への対応よりはむしろ被災者の心のケアが大事であり、何より被災者の話を聞き、アドバイスできる問題点の整理や気持ちの整理に努め、相談内容に適確に対応できる事が望ましいが、正解を出せない相談も多いことを自覚すべきだと言うことであった。

私も、インターネットで全国約千名の弁護士とともにこの研修を受講したが、内容は私達がこれまで推進してきた犯罪被害者への対応と酷似するものであった。事件、天災を問わず理不尽に大切なものを失った人々への対応は、同じでなければならないと直感した。

この道しかない春の雪ふる　山頭火

犯罪被害者への法律相談に当たる弁護士は、少なくとも二度以上の研修を受けなければならない。弁護士という資格だけでは担当させられないのだ。法律家は、事実に法律を適用するという作業を行う。法律をあてはめる上で重要な事実とそうでない事実を分け、これを適確に取捨選択して迅速に判断することが要求されてきた。周辺の事実や人の感情などといった法律の適用上意味のないと思える部分は、あっさりと切り捨てることが重要であった。しかし、被害に遭い、愛する者を失い、大きく傷ついた人に対してポイントとなる事実だけを聞き出し、その余の事実や感情を無視する行為が如何に心を傷つけるものか。

捜査関係者、弁護士あるいは裁判官による法律上意味のある事実のみを重視する姿勢そのものが、二次被害といわれている問題なのだ。時間単位で料金を取る弁護士としては、短い時間の間にポイントを絞って論点を整理し、法律を適用して結論を出す者が優秀なはずであった。しかし、優秀であればあるほど被害者を傷つけかねない矛盾。法律家として訓練を積んできた者には、なかなかこの点が理解できない。

迷ひある原則論や青葡萄　鷹雪

これを理解させるために研修ではロールプレイといって自分が被害者の立場で相談をし、通常通りの弁護士が対応する際にどのような思いを抱くか体験させる手法がある。これは少年院等での矯正教育として知られた方法で、親の立場になって子どもである自分に対して手紙を書き、その手紙に対して子である自分が親に向かって手紙を書く事を繰り返させて、それぞれの立場を理解させる。或いは事件を劇に見立てて自分が被害者の立場の役割を演じ、加害者としての自分がどのようなことをしたのか体験をさせるのである。

屋根赤き少年院や夏木立　鷹雪

受講者の話によると被害者の立場になって、初めて如何に普通の弁護士の対応がひどいものなのかを実感したと答える者が多い。被害者、被災者のような人々に対応する場合、まずはよく話を聞き、遮らず、感情に寄り添って行く姿勢がともかく大切で、それこそが心のケアなのである。

検事から弁護士へ。法律家として活躍する日々。

実際に東日本大震災の被災地の現地で法律相談に当たった弁護士から、ローンの問題について今の法律では二重に払わざるを得なくなるということがどうしても言えず、「立法を待ちましょう」と言うのが精一杯であった等と悩みを打ち明ける声が報告されている。法律家以前の人間として声を失うという心そのものが、傷ついた人には伝わるものではないだろうか。現在の法律によれば、二重ローンになってしまうことは相談者も分かっている。それをダメ押しせず、救済のための立法をと答える法律家の心に、むしろ信頼は寄せられるのではないだろうか。

海老蔵事件の深層

市川海老蔵がこの七月舞台に復帰した。思えば南座の顔見世を目前にひかえた平成二十二年秋の深夜、元暴走族グループの者から暴行を受け、顔面骨折などの重傷を負った。被害者であるはずの海老蔵には風当たりが厳しく、当日の主演舞台の記者会見をすっぽかして飲みに出たあげく被害にあった経緯などから、批判が集中した。確かに、顔見世を欠場し、正月の舞台も中止せざるを得ない結果を招いたことから、舞台人としては弁解の余地はなく無期限謹慎の処分も当然だった。

顔見世や奈落に消ゆる御曹司　鷹雪

歌舞伎界の「荒事」の宗家である成田屋市川家の御曹司が、現実の荒事に巻き込まれたことから、マスコミの好餌となった。私も解説者としてテレビ番組などに引っ張り出されたくちだが、公平に見て海老蔵に対してどうしてこうまで厳しいのかと思ったほどだ。法律家の目から一番奇異に感じたのは、加害者グループである元暴走族側と海老蔵の「示談」だ。マスコミ関係者も一般の人も、海老蔵側が多額の金を出したに違いないと信じている人が結構いるのだ。刑事事件の常識からすれば、「示談」というのは加害者が被害者に対して損害や慰謝料等の損害金を弁償して謝罪し、被害者がこれを受け入れて赦すというのが一般的だ。交通事故で怪我をした被害者は、怪我を負わせた加害者から賠償金を受け取るのは誰でも分かる理屈ではないか。海老蔵は被害者として賠償金を受け取る側なのだ。

ところが、今回のような事件となると、どうも名誉やお金のある方が事を穏便に済ませるために相当の金を支払うのが当然といった雰囲気がある。この様な社会風潮は、江戸時代以来現在に至るまで、連綿と続いている感がある。それこそ歌舞伎の芝居には、これを題材にした出し物がいくらでもある。

例えば、「弁天小僧」。武家の娘に化けた菊之助が万引きをしたように装い、呉服屋の手代や番頭から咎められて取り押さえられ、怪我までさせられた後、万引きしたとされた品物が実は他の店の品物で、代金を支払い済みであることを明かして、「どうしてくれる」と店に対してゆすりをかける。うまく百両をせしめかかると、その一部始終を見ていた大身風の侍（実は盗賊の頭目、日本駄右衛門）が、娘が男であることを見破ってゆすりを暴露する。正体がばれた菊之助は、名台詞「知らざあ言ってきかせやしょう」と開きなおる。ところが、店は揉め事を厭い犯罪者である菊之助らを突き出そうとはせず、逆に更に大金を支払うというストーリーである。

大名をゆする「河内山宗俊」も似たような筋立てだ。大名分限者達は、その体面を維持取繕うため紛争自体を忌み嫌い、金銭をもって内密に済ませ事実を隠そうとする傾向があり、そこを辛辣に揶揄批判する意図でこの様な物語が数多く作られたようだ。内々に金で済ませたいのは、体面を守ろうとする側だという、庶民的認識が根強くあるためでもある。実は、いつまでも続く振り込め詐欺もトラブルをうちわで納めたいとする庶民感情につけ込んだ犯罪とも言える。振り込め詐欺の口実は、使い込みをした、事故を起こした、痴漢をしてしまったなど、いずれも犯罪がらみの示談金名目だ。事実自体を恥じ、内々に金で済ませて無かったことにしたいという親心、家族思いの心が振り込め詐欺師達の餌食となるのだ。

雪の日や雪のせりふをくちずさむ　中村吉右衛門（初代）

歌舞伎役者と俳句はつながりが深い。芸名の「芝翫」「梅玉」は三世中村歌右衛門の俳名であるし、現「魁春」も六世歌右衛門の俳名だ。いずれも名優の名跡だ。一芸に秀ずる者はとの感を深くするが、役者は稽古と精進にて舞台で結果を出すしかない。海老蔵は基礎から修行し直していると聞く。その結果を舞台で確かめたいものだ。

啓蟄や稽古の虫の決め台詞　鷹雪

数字と礼儀とヤクザ

まだ私が二十代の青年検事だった頃、暴力係として朝から晩までヤクザ関係者を取調べしていた。

秋刀魚喰って自首の博徒の始末かな　鷹雪

彼らからは、実に様々な社会の裏の実相を教わった。ヤクザのしきたりと心構えがその通り実践できたら、組織人として成功することは間違いなしだ。

その第一。数字、特に分数に強くなければならない。なぜなら、彼らの組織の序列が盃事の親子関係か兄弟関係かで定められているからだ。これによって組織の上下関係は整然と決められている。同じ組の場合は、教えられて序列は分かるが、他の組の場合となるとたやすくはない。自分の組の親分と、相手の組の親分が何分の盃かによってその組のナンバー2以下幹部の序列が決まり、相手の組との関係での着席の順も自ずと定まるのだ。

二組以上の組の会合や手打ち式など誰がどこに座るかは、まるで相続の親族関係図の様に、上下関係を明らかにして決めていかなければならない。主宰する組の担当者は、その何分何分の盃事の濃淡によって席次を間違ってはならないのだ。間違ったら指が何本あっても足らない。幹部を調べると大半が五本の指が全部ある。指を落とすようなへまはしないというわけだ。分数に強くなければ、しかも、短時間にそれを判断できなければ指が無事でいる保障はない。

真剣に彼らは頭を働かせる。出世するヤクザは頭が切れ、数字に強い。数字の感覚が研ぎ澄まされると金銭感覚も鋭くなり、金の匂いのするところ必ず彼等が蠢く。古くは博打、薬物、近くはヤミ金融から振り込め詐欺まで、「濡れ手で粟」の背後には経済ヤクザといわれる彼らが常にいる。

次に仁義礼儀。席次はどう決まるのか。どの席が上席で、どの席が下の者の席か。車の座席の上下についてはどうか。ただちに答えられる人はいるだろうか。小笠原流礼法でも習わない限り上座、下座、序列や頭の下げようから立ち居振る舞いまで、正確に答えられる人は少ない。しかし、彼らは瞬時にこれを判断して、然るべき席に親分、兄貴分客人を案内しなければならない。間違ったら身体で返さなければならないのだ。

私が取り調べた下っ端のヤクザは、親分の出所の時刻に遅れたという理由で指が飛んでいた。そういえば、組の事務所をガサ（捜索）したとき、何本もの手指をまるで漬物のようにホルマリン漬けにしたガラス瓶が何本もあった。脅しの材料にでも使ったのだろうか。

彼らは礼儀について詳しく、かつ、真剣だ。彼らが親分や兄貴に挨拶しているところを見たことがあるだろうか。見事な最敬礼を行っている。最近、日本最大の暴力団山口組六代目組長が府中刑務所から出所した際は、主要幹部が出迎えに駆けつけ、黒服集団の動向がかなりのニュースになっていた。ある意味で彼らは闇の世界のエリートだ。統制の厳しい裏社会という彼らの世界で出世し、組長や大幹部になるには、表社会に負けないくらいの資質、能力、胆力、人心掌握力が必要なのである。

接見の刹那が勝負春疾風　鷹雪

国選弁護で接見したところ、被告人がヤクザだったことがある。ヤクザ組織も世知辛く、組で金を出すのがもったいないということか、下っ端には国が弁護料を負担する国選弁護を依頼させるのだ。ヤクザ者の弁護を国の費用でということには、何としても抵抗があった。国選弁護は裁判所の命令であるため、辞任することが出来ない。

ヤクザ組織からの離脱を勧めたのだが、頑として応じなかったため、彼らの数字感覚を刺激することとした。「君の男としての価値は国選弁護料の六万円だ。安く見られたものだな。兄貴にそう言ってやれ」彼の顔色が変わった。数日後、私選弁護人が選任されたため、国選弁護を解任する旨の通知が届いた。

寒 昴 天 の い ち ば ん 上 の 座 に　誓子

昴は星座の世界では親分なのだろうか。それにしても人は、どうして序列をつけたがるのかな。

自白

「自白」というと刑事が机を叩いて脅かしたり、すかしたり、騙したりして、無理矢理言わせてしまうものとのイメージがある。現にそうされたと主張する被告人もいるし、足利事件のように捜査段階での「自白」がありながら、再審で否定されて無罪になる例もある。確かに「自白」を得ることは難しい。しかし、真の「自白」とは、捜査官と被疑者の人間的な心の交流によって得られるものだ。

牡蠣剝くや容疑者いまだ口割らず　鷹雪

容疑者が口を閉ざして居る姿は、牡蠣に似ている。その分厚い皮を剝いて中身の身を取り出すのは、簡単ではない。素人が牡蠣を剝こうとして力ずくで割ろうとすると、その荒々しい殻によって牡蠣を駄目にするばかりではなく、怪我をしてしまうこともある。ところが、牡蠣割女《め》と呼ばれる牡蠣剝き専門のプロは、小刀のような金具でいとも簡単に牡蠣を割り、中身を取り出している。ポイントがあるのだ。そこに金具を差し込むだけで牡蠣は口を割ってしまう。老練の刑事が牡蠣を土産に持参して、自らこれを割ってくれた時に、「こつですよ。勘所をこの様にすれば、牡蠣も人みたいに口を割りますからね」とつぶやいたことが忘れられない。

薫風に新任検事の苦悩かな　鷹雪

要は捜査官という人格が全てなのだ。新任検事の頃、最初に自白を得たときのことを思い出す。網走刑務所帰りのこそ泥が、パン屋の前に配達されたパンを一個失敬しようとして丁度シャッターを開けた店主と目が合ってしまい、逃げようとしたところを追いかけられ、ぽかりと一発殴った。店主が老人のため、骨折の重傷を負わせてしまい、強盗致傷事件として送致されて来た。強盗致傷罪は重罪で、こそ泥としてはとてもたまらんと、頑として認めず否認を続けた。捜査官として見れば、被害者の目撃は確かであるし、パンの袋についていた指紋などから犯人であることは明白で、いくら否認しても起訴は出来る案件であった。

しかしながら、勾留満期の前日になっても自白はせず、客観的証拠から起訴可能だとして決裁に上げたところ、副部長は通ったものの部長から呼び出された。「こんな事件、自白を取らないでどうする。今から署に言って調べ直せ。署長には電話しておく。俺の官用車を使え。そして今年任官したての立会い事務官を付けてやる。意味が分かるか」理不尽きわまりない。意味など分かるわけがなかった。「君も事務官もこの4月任官した。君の調べ如何では、この新任事務官の一生の検事観が決まる。心していけ」

部長車に乗り、山の手にある警察署に赴いた。署長が出迎え、調べ室には書き初めのような長い紙に墨黒々と「大澤検事取調中」とあった。待つ事しばし、調べ室に入った。緊張と責任感でがちがちになり、頭の中は真っ白の状態だった。椅子に座り容疑者と相対した。「証拠から見てどう見ても君がやったとしか言えない。正直に話したらどうか」自分でも情けないようなこれまで何度も繰り返していた科白《せりふ》だった。ところが、容疑者は「検事さん、デカ長には謝っておいて下さい。私がやった事に間違いはありません」とあっさり自白するではないか。狐につままれた感じで自白調書を作成した後、「つかぬ事を聞くが、どうして自白する気になったの」とごく素直に聞いた。すると、「顔ですよ、検事さん。こんな私のためにものすごく真剣でいい顔でした。こうなったら私も嘘はつけない。つきたくないと思いましてね」ということだった。

この実感、体感がその後の調べの基本となった。どこまで真剣に向き合えるか、全身全霊を尽くして対する事が出来るか。一種の恋愛感情のようなものだとも言える。心から真剣に向かい、どんな些細な点も見逃さない観察をして相手に通ずれば、必ず琴線に触れて心の交流が出来る。ほとんど例外なく自白を得る事ができたように思う。

白桃に入れし刃先の種を割る　　多佳子

この句は、白桃にナイフを入れたときの瞬時の気合いによって堅い種まで断ち切った、との正に取調官の極意の境地が示されているように感じられる。

駆け引きの天才

昔ワイドショーで「身の上相談」の曜日があって、しばらくレギュラー相談員であった事がある。昭和の爆笑王故林家三平さんの奥さんの海老名香葉子さん、キャバレー王の福富太郎さんなどと一緒だった。

おでん喰う話題は尽きぬワイドショー　鷹雪

この「身の上相談」で取り扱った中に、当時「さすらいのギャンブラー」と呼んでいた一件がある。この男、名門私立大学を卒業後プロの麻雀師となって全国を転々とし、九州で人妻と関係を持ち、駆け落ちをして関東に戻ってきた。その人妻は三歳の男の子を連れて出奔したものの、そのギャンブラーの元から再び子どもを置いてまた別の男と姿を消してしまった。ギャンブラーは残された男の子と生活を共にするようになり、三年が過ぎてとうとう小学校に上がる年になってしまった。なんとかして学校に上げなければならない。だが、自分は赤の他人。どうして良いか分からず、警察などいろいろな所へ相談に行ったが、「お前が悪い。元の母親か父親に返せば良いではないか。」と言われて困り果て、「母親を捜してくれ。」と番組に相談してきた。

あはれ子の夜寒の床の引けば寄る　汀女

子どもをだしに逃げた女を捜す気か、とも思ったがともかく人捜しの放送をしてみた。その結果、母親はついに出てこなかったが、その子の父親が名乗りを上げ引き取りたいと番組に申し出てきた。そこで、その子に「お父さんが来るよ。」と話したところ、その子は「お父さんて誰。知らない。」「お父さん覚えていないの。」と聞くと「お父ちゃんはこの人だ。」とさすらいのギャンブラーを指すのだ。ギャンブラーぐっと来てしまい、自分の養子にしたいとまで思い詰めたが、そこはインテリ、ぐっとこらえて実の父親に返すのがその子の幸せと実の父親との対面を促した。

そして対面。実の父親が、子どもの名を呼び一生懸命思い出させようとし話しかけるのだが、その子の顔は硬く、全く見知らぬ人にあったような態度をとり続けた。別れた時三歳だとこうも忘れてしまうものか、それも子どもだ仕方がないかと思い始めた頃、その子に変化が見えた。どうやら実の父が真剣に自分の事を考え、愛していると悟ったようだ。突然、父の名や祖父母の名、近所の友達の名を次々と出し、鮮明に当時の事を話し始めたのだ。実の父はその子を抱いて泣き崩れた。ドラマのような場面を見て、子どもとは完全な人格を備え、大人顔負けの駆け引きをするのだと感動とともに理解した。

子どもは自分が生きるためには、何をしなければならないか知っているのだ。現在自分が生きるためには、ギャンブラーに頼るほかない。だから父ちゃんと呼び、本当の父親の様に慕い、愛情を表していたのだ。実の父といえども、ギャンブラーにまさる愛情を感じられない限り本心を見せない。まるで大石内蔵助だ。心底が見えるまでは本音を明かさない。私を含め、その場にいた者がこの子の手玉に取られたようだ。しかもその子は無意識で見事にやってのけたのだ。恐るべし。侮るべからず。子どもは何でも知っているし、何でも理解できる。手練手管も迷わずに用いる事が出来るのだ。結局、この子は実の父と九州へ帰っていき、ギャンブラーは泣く泣く子別れとなった次第だ。

離婚などの際、子どもの取り合いが大きな争点となる。子どもの意見を聞く事は、家庭裁判所では原則としてしない。それは、子どもは、生殺与奪の権利を持っている現在同居している親または保護者の意向に全面的に従う事で、自己の存在を全うしようとする心理状態である事を理解しているからだ。子どもの意見は必ず現在居る親の元にいたいと言うにほぼ決まっている。十五歳になれば自ら親権者を選べるように民法は規定されているが、中学を卒業して十五歳で社会人になり、親の元を離れる事が可能になった年齢であることもベースにあるのだ。

少年の殺気躱すや雨蛙　鷹雪

その後、子どもがたまたま人質になったりした場合、その子は犯人の怒りを誘う行動は本能的に決して取らないと、自信を持ってコメントする事が出来るようになった。

テレビのワイドショーでコメンテーターとして出演することも多い。
右は水前寺清子さん。

刑務所の餅

秋口になると餅を目当てに刑務所志願の者が増える。検事時代に取り扱った被疑者の中にそんな男がいた。毎年、十月頃東京の浅草辺りからタクシーに乗り、横浜の警察署に乗り付けて来る。男は、知恵を絞ってこの手口を編み出したと胸を張る。行先を聞いて運転手は長距離で高速道路を走る上客と判断し、服装が多少みすぼらしくても張り込み等、仕事で出張して署に戻る刑事と大体誤解して、機嫌良く乗せてくれる。一銭も持っていない事がばれないよう、この行先は外せない。乗車前に、公衆電話から署に電話して世話になった刑事の名を告げて、居るか居ないかを確認する。何のためか。タクシーが目当ての警察署に着いたとき、運転手にその刑事を呼んで来てもらう。すると、やってきた刑事が男を見て「またお前か。運転手さん気の毒だな」と狐につままれたような顔をしている運転手に対して、「こいつは、金を持っていないよ。無賃乗車だ。さ、刑事課へ来てくれ」という具合に何が起きたのかを説明してもらうためだ。面倒なトラブルや諍いが省ける。高額のタクシー代だから詐欺事件として立件逮捕され、十、十一月と刑事手続きが進み、十二月に裁判が確定して刑務所に移り、めでたく正月の餅を頂くという寸法だ。

この手口を確立するまでの試行錯誤の間、無銭飲食もした。ところが、食べるものを食べて金がないと言うと、訴えずに殴ってたたき出され、痛い目にあった上に目的を達せられない事が多かったという。警察に訴えると、手間暇かかって大損だという事らしい。彼としては無賃乗車が平和的で気に入り、十数年にわたりワンパターンで繰り返していた。本人に言わせれば、刑務所ほど良いところは無い。むしろ、世間の方が自由はあると言ってもジャングルのようで怖い。悪い者に会ったら痛い目に遭うどころか、命も危なくなる恐ろしいところだというのだ。

住めば都、健康的な三食は保証され、病気の時には面倒をみてもらえるし、歯などは治してくれる。図書室は充実し、本も読めるし俳句や絵画も習う事も出来る。時には、有名歌手やタレントの慰問公演もある。そして、国家公務員と同じ一日八時間週休二日の懲役をこなすと、月数千円の「作業報奨金」ももらえる。一年約五万円前後だが、労働意欲を喚起し、出所後の手持金の足しにとの矯正目的による制度だ。この程度の詐欺犯は一年弱で出所する。そして、その金でちょっと世間の自由を楽しんだ後、無賃乗車を行って「実家」へ戻るというわけだ。

蓼食ふや婆婆より獄の志願囚　鷹雪

府中刑務所は、「鬼平犯科帳」の長谷川平蔵の創設にかかる石川島人足寄場を源流とする日本最初の近代矯正施設である。今では、多くの外国人も収容している。冷暖房完備、テレビも各部屋に備え付けられ、頼めば「中国語」や「アラビア語」の新聞も配達してもらえる。低開発国から来た外国人には、夢のような場所だ。それらの国の外交官が視察して、自国の国立病院よりも立派で施設も整っていると驚嘆した話が伝わっている。それにしても、「報奨金」だ。強盗などの悪質犯罪を犯して、五、六年服役すると、二〇万円から三〇万円の報奨金を受け取る。母国へ強制送還で帰るから、金はかからない。日本との貨幣価値が大幅に違うため、持ち帰った金で豪邸が建つ場合があるという。何のための刑務所か分からないと刑務官はこぼしていた。

女子刑務所も、通常五メートルの塀は三メートルと低いし、クリーム色だのピンク色だのカラフルで、とても刑務所のような感じはしない。

女子寮と紛う刑務所春を待つ　鷹雪

岩国の女子刑務所を視察したが、正に女子寮そのもので施錠はされておらず、皆明るい作業着を着て、瀟洒なカットグラスの制作に励んでいた。特産品は何と破魔矢だ。全国の九割のシェアを誇るという。

獄門を出て北風に背を押さる　不死男

戦前の監獄と呼ばれた刑務所の実態とは、今や比べものにならない。志願者が後を絶たないのも、このご時世無理からぬ事なのかも知れない。

恋猫

まだ駆け出しの弁護士の頃だから、昭和五十年代の半ばのことである。大時代的な男女の別れに立ち合ったことがある。ある地元の名家の男が女に狂い家出をしてその女とともに暮らすようになり、これを心配した一門の者が男を連れ戻して女との別れを承知させた。私は、親戚代表から頼まれてその男と女がきちんと別れる文書を取り交わし、その代償に金を女に渡す役目を負うこととなった。

恋猫や菓子箱に入る手切れ金　鷹雪

「手切れ金」今では死語のようになった言葉だが、文字通り縁を切る金であった。当時の金で二千万、巨額である。それが何と現金で大きな菓子箱に詰め込まれていた。それも金融機関の帯封のある札束ばかりではなく、明らかにかき集めたと思われるようなゴム輪で留めた札束もある。親戚一同こぞって拠出した金という風情であった。これによってその親族一同が、その男に金を出したということを本人に自覚させ、二度と女に狂うことがないよう釘を刺すための細工だったとも受け取れる。私は、親戚の代表と当の男と連れだってその金を持ち、女の家を訪問した。女とその弟と称する男と会い「男女関係解消の合意書」を交わし、菓子箱に入れた現金を目の前に差出した。女は覚悟していたらしく「長いことお世話になりました。私は今日限りここを出て、故郷の九州に帰ります。二度とお目にかかることはありません。」ときちんと正座して挨拶した。男の顔はぐちゃぐちゃだった。弟と称する男が菓子箱の蓋を開けて現金の束を確認すると「これで結構です。後で多いの少ないの言うことは決してありません」といって蓋をして風呂敷に包み持って行き、一件は落着した。弁護士とはこんなことも仕事になるのかと興味津々だった。印象的だったのは、男が未練たっぷりで目も当てられぬ泣き顔だったのに、女はからりと乾き、さっぱりとした感じが対照的だったことだ。

その後、弁護士として数多くの男女関係の解消や離婚事件に関わり、家庭裁判所の調停員としてもこれらの事件を取り扱う経験を積んでいった。そして、演歌などで歌われるような「女の未練」や「女の涙」といった科白《せりふ》は、男が作り出した虚構だなと実感することとなった。女性はいったん事が決まると、まるで別人のようにきっぱりとそれまでの関係を絶つことが珍しくない。また、その関係の別れか否かの主導権を握るのは、常に女性であった感がある。女性が一旦嫌と言って、元に戻る例はまず無い。しかし、逆に男は決めても決めても決めきれず、ぐずぐずと未練たらしく引きずる傾向が多い。

妻子ある男と夫ある妻が駈け落ちした。やがて見つかり二人とも連れ戻された。男は旧妻から「何やっているの。帰ってらっしゃい」と一喝されると、何やらこそばゆいような顔をして、すごすごと妻子の元へ戻ることとなった。一方、一緒に逃げた女は夫や子どもがいくら戻るよう懇願しても子どもに対しては泣いて詫びながらも、夫に対しては「同じ部屋の空気を吸うのも嫌だ」と拒絶し、結局戻るとは決して言わず、夫も根負けして別れることとなった。

鞦韆は漕ぐべし愛は奪ふべし　鷹女

女のこのきっぱりとした覚悟はどうだ。こんな感じで迫られたら、ひとたまりもあるまい。男女の間で主導権を握る由縁だ。それに比べて男は、はるかにだらしなくおよび腰だ。

鞦韆や漕ぎて超えたき一線も　鷹雪

女に比べ男は遥に気弱で、傷つきやすく脆い。せいぜいこんな願望を中途半端に詠むくらいが関の山だ。

こうして男女のトラブルの法的実務的処理を重ねてくると、男女に関する世の常識が正反対であることが判る。女の弱さや嫉妬、未練等は、男の作り出した願望か男の本質が、投影されたものと言えなくはない。少なくとも、事件を通じてみた女性はそんなに柔ではない。極めて現実的で、したたかな面を持っている。子どもを産み育てるという女性の本質から、本能的に備わっているのではないかと思われる。むしろ、脆弱な男を今後どう育てていくか日本の将来がかかっている気がする。

結婚詐欺師

　結婚詐欺師というと、男ならどんな男を連想されるだろうか。俳優も顔負けのいい男、今風に言えばイケメンと言われる男を想像しがちである。事件送致を受けたとき、十指にあまる女性を結婚を餌に騙して、大金をせしめた凄腕の結婚詐欺師はいったいどんな男であったか。
　被害者の女性達は、ご丁寧に顔写真を並べて写真帳にして書類に添付されてきていた。警察も調べているうちにこんな美人ばかりが男の毒牙にかかったのですよ、腹が立ちませんかと言わんばかりに、その男の悪性立証の証拠として送付されて来たのだ。確かにどの女性も美人で、なぜこの様な美女達が被害にあったのかと思わせるものであった。

　つきまとふ雲のがれえず梅雨の月　　鷹雪

美しい月に雲がつきまとうように、その価値を失わせる男とはどれほどの男か。予め送致記録を読んで、想像をたくましくしていた青年検事は、目を疑った。さぞかしいい男が引き据えられるものと思っていたら冴えない、風采の上がらない、もっさりとした三十代の男が目の前に坐っていた。こんなちんけな男が、何であれほどの美女を騙せたのか。金も体も奪ってけしからん、どうしてくれよう、とやっかみ半分に思ったものだ。しかし、この男がどうしてこれほど見事に女性達を騙していったのか、大きな興味が私を捉えた。私のその思いを察したらしく、その男は雄弁に語った。

結婚詐欺をやる場合、狙いは美人に限る。なぜなら、美人は金を持っていることが多い。多くの男達にちやほやされて、金を使うことは少ない上、プレゼントを多くもらったりして、比較的小金を貯めている例が多い。一目見るだけでその持ち物や服装から、どの程度の金を持っているかほぼ推察が出来る。自分が想定した金を狙った女性から巻き上げると、金の切れ目は縁の切れ目とばかり、これを潮時に綺麗に姿を消すことにしている。確かに、被害者の調書などを読むと、ほぼ蓄えた金の全額に近い額が被害額となっていた。

では、なぜ美人を狙うのか。その男曰く、ある女性グループがある場合、結婚していく女性はそのグループの中で決してトップからではない。三、四番手あたりから決まっていき、自他共に認める一番の美人は残ってしまうことが多いものだ。これは、付き合う男性が謙虚と言うよりは自信が無く、自分が安心できる女性を獲得しがちだからなのだ。男は、トップを狙って振られた場合のリスク、傷つくことを恐れて、そういった選択をしがちなのだ。トップの美女にしてみれば、自分が評価もしていない女性達がどんどん売れていって、自分が残ることに不満と不安を抱きがちだ。いつか自分には自分の美貌にふさわしい相手が現れるに違いない、という心理になっていく。そこが付け目だ。

そこで、その美女が期待するほどの玉の輿を用意してやるのだ。「医師」「弁護士」「公認会計士」「大学教授」などと言った社会的信用のある肩書きのついた名刺を用意し、近づくのだ。そんな時、その男が所謂色男、イケメンだとかえって信用されない。実力はあるが、見かけはたいしたことない男こそが逆に本物らしく見え、信頼感を高めるものなのだ。こうして最初から美女を狙って近づき、用意した小道具の資格や能力をちらつかせ、初期投資とばかり高級な店やレストラン、ホテルなどを利用して綺麗な金遣いをする。そこで、

かぐはしき人の移り香朧月　鷹雪

などと言った甘い雰囲気となり籠絡する。しかも同時に複数の女性とこの様な付き合いをし、騙し取った金を他の女性とのデート費用等に使って信用させるのだ。この心理学者顔負けの読みの深さは、現実に被害という形で現れているだけに、プロの詐欺師の凄みを感じさせる。裏には、詐欺犯の人を騙して金を巻き上げる独特の快感があるのかも知れない。

襟巻きの狐の顔は別にあり　虚子

狐の襟巻きを巻く狐顔の女性の様に、はっきり判れば苦労はない。案外人の常識とは正反対に現実は動き、結果として表れているような気がする。

味わい深き昼食

弁護士会館の日比谷公園を挟んで向かい側に、帝国ホテルがある。昼食は、弁護士会館内のレストランでとることが多いが、たまに公園を散歩してホテルに入り、そこのレストランで食べることもある。

ある日、丁度時間が余ったので、一階のレストランに入り、名物のカレーライスを注文してくつろいでいた。そこへ若い女性と連れだった紳士が隣の席に座った。親密そうで、詮索するのも悪いと思い知らぬふりをしていた。

ところが、その人はしばらく私の方を見ていたが、立ち上がって「先生ではありませんか。ご無沙汰しています」と挨拶をしてきた。一瞬、誰だか分からなかった。知らぬ人にいかにも知り合いのように声をかけられることも珍しくないので、とまどっていると突然思い出した。何しろ、弁護士人生最長の離婚事件の依頼者だったからだ。この人は、地方の名家の長男で、やはり名門生まれの同じ大学出身の女性と結婚し長女をもうけたが、長男が生まれた際、妻は出産のため実家に戻り、そのままついに彼の元には帰ってこなかった。温厚で人柄が良い彼は、妻の実家に通い当時二歳くらいだった長女と睦み、辛抱強く帰宅を促した。

父親にとって娘は可愛いものだ。私にも経験がある。宮崎地検にいた当時、難産の末生まれた長女を、育てるのに苦労したことがある。

汗疹の子抱きて途方にくれし日も　鷹雪

地方赴任の辛いところで、母親の体調が悪くなると、父親に様々に負担が加重される。「おむつ」を縫ったことも。

私は次の子も娘で、

二女ありて玩具の幟立てにけり　鷹雪

であったが、彼の場合は、次の子は男の子であった。それかあらぬか、彼の妻はそのまま子どもと共に頑として実家を離れなかった。その後の経験によると、この様なケースはしばしば見受けられた。女性の家の跡取りと写るらしい。彼にとっても自分の実家を継ぐべきものとして、法的手段を取ってでも戻したいとして依頼があったのだ。家庭裁判所へ夫婦関係調整を申し立て、妻が彼の元に戻るよう調整を図った。様々な条件や案を提示したが、不調に終わってしまった。この間、彼は生活費をきちんと送り続けたものの、子ども達に会うことも叶わぬ状態だった。彼もついに修復を諦め、きちんと離婚して新しい人生をやり直したいとして、離婚訴訟に踏み切った。裁判を通じて、和解も試みられ時日を費やしたが結局合意に至らず、判決は離婚請求棄却であった。はっきりとした離婚事由がなく、決定的な根拠も乏しかったせいでもある。やむを得ず控訴し、控訴審でも裁判官による和解が試みられ、粘り強い交渉が続けられた。実に最初の受任から十年ほど経った頃、突然和解があっさりと成立した。長男が某有名中学に合格したからだった。長男をその中学に入れるために離婚がマイナスと考え、延々と引き延ばして応じなかったのが真相らしい。

約十年、彼と共に手強い彼の妻側と交渉してきた事が、懐かしく思い出された。すると彼は、「先生、この子が長女ですよ」と言って、若く美しい女性を紹介してくれた。「この子は、小さい頃私に抱かれたことをかすかに覚えていて、その後ずっと父親に会えないまま成長してきたが、どうしても父親に会いたいと強く思っていて、念願の大学に入ったのを機に私を捜して連絡してくれたのですよ」と実に嬉しそうに話してくれた。そういえば、面会交渉権を確保しようとした際、彼は、あのような母親だとそれが実現してもその都度子どもが苦労するからと、敢えてこれを求めなかった経緯も思い出した。

彼は高裁での和解成立の後、伴侶に巡り会い第二の人生を歩んだが、子どもには恵まれず、「この子ははじめは母親に隠れて私に会いに来ていたのですが、今では、反対を押し切り公然と私に会いに来てくれているのです。この子のお陰で、息子に会うことも出来るようになりました」と語った。子どもの取り合いは、最近の家事事件の大きなテーマだが、大いに考えさせられる深い経験であった。

春蟬にわが身をしたふものを擁き　龍太

一カ月待って

検事を辞めてそんなに時間が経たない頃だった、首都圏でチェーン店を展開する経営者から、ある店の店長の使い込みについて調べて欲しいとの依頼があった。店の内部から密告があり、役員で調査したところ、百万円程度の使い込みを認めたものの、どうも全貌が明らかになったとも思えないとのことで、元検事たる私に徹底的に調べてもらいたいとの依頼であった。「取り調べ」のもつ緊迫感の魅力を忘れかねていたところだから、欣喜雀躍、張り切っての「事情聴取」となった。帳簿や領収書などの証拠書類を丹念に調べ、調査対象の店長を数日にわたってみっちり絞り上げた。

尋問の罠を工夫の夜なべかな　鷹雪

私の追及に店長は全面的に自白し、横領額は一千万円に上った。昭和五十年代の金額だからかなり高額であり、刑事告訴すれば強制捜査の上、実刑もあり得るような罪状であった。私は、勇躍してその経営者に「早速捜査機関に告訴する手続を取りましょう。彼は弁償できないと言っていますから」と報告した。すると、彼は「いや先生、一カ月待って下さいよ。取り返せるかも知れませんから」今さら何を言っているのかと不審に思ったものの、言われるとおり一カ月何もしないで待った。やがて、彼から「先生、一千万以上取り戻しました。本人を勘弁してやって下さい。呼び出して当座の生活費として百万円を渡してやって下さい」と言うではないか。使い込みした奴を訴えないどころか、百万円も渡すとは盗人に追い銭そのものではないか。

春泥や善人ゆゑに手に負へず　鷹雪

どうもただのお人好しではない。何かからくりがあるはず。私は、怒ったふりをして問いただした。そうしたら、「種明かしは簡単です。先生にあの店長がみっちり絞られ、一千万円という額を認めた事実を店長会議で報告しただけですよ。そうしたら、翌月の売上は従前の月に比べて一千万円以上も多くなったのですよ」と笑った。首都圏の二十数店舗のチェーン店の店長が、誰も使い込みをしなかったというわけなのだ。彼は、店長が色々な事情から売上に手を出してある程度の使い込みをしている事をよく承知していたのだ。そこが、一番下から叩き上げた彼ならではの着眼だった。やむを得ない表に出せない金を店長の立場では使わざるを得ず、それを店の売り上げから誤魔化すことが日常よくあることを知っていたからだ。一日二万円、一月六〇万円、二十五店舗で千五百万円という数字が算出される。これに着目し、私の厳しい取調を受けた店長の話を意図的にして、集まった各店長に警告をしたのだ。店長は一斉に使い込みを中止した。その結果、彼の目論見通り売上は、おそらく千五百万近く上がったに違いない。

失った一千万円をこの様な方法で取り戻すとは。見事な商売人の発想と言わないでなんとしよう。百万円の追い銭はどうか。「まともに勤めれば、あの男にも千万単位の退職金を払わねばならない。しかし、こんな事で指され職を失って先生に油を絞られ、このまま告訴などしたら、恨まれるに決まっている。彼はこの業界で生きていくしかない。だったら宣伝費だと思って、当面の小遣いをやったのですよ。放っておいても、彼は私のことを神様のように吹聴するでしょうから、安いものですよ」と言ってのけた。

この一連の彼の対応は、法律家としての私にとってはカルチャーショックそのものだった。不法行為を行った者を処罰し、その者に賠償をさせるという法の正義の発想に対して、金銭を儲けるプロから金ならこれを回復するには別の手法もあるのだ、という事実を突きつけられた気がした。彼は、自分の状況をよく観察し、どうしたら失われた金を取り戻せるか冷静に判断して、最も有効な方法をとったようだ。金に正邪清濁の色のついていないことがミソなのだ。流石、一代で百億を超える財をなし、快男児と言われた経営者は違った。

稲刈りて残る案山子や棒の尖　虚子

稲を刈って綺麗になった田の中に、ぽつんと残された案山子の姿と、私の姿が重なった気がした。

名優の素顔

平成十一年、第一東京弁護士会の副会長になった時、会報誌からの依頼で著名人との対談を連載することとなった。誰でも知っている有名人で、しかも、財政厳しい折から無報酬でお願いするという無理難題でもあった。

最初に、仲代達矢さんにお願いすることとした。当時、TBSのワイドショーで司会をしていた仲代さんの義理の妹の宮崎総子さんの番組でコメンテーターとして親しかったことから頼んだところ、あっさり承諾して頂けた。宮崎さんのお父上は裁判官出身の弁護士であったし、無報酬のお願いの事情も理解してもらえたからだ。世界の仲代がギャラなしであれば、後の人もこれを理由にお願いしやすいという目論見もあった。

約束の日、私は弁護士会の担当職員と、「無名塾」を尋ねた。門の近くで掃除をしていたおじさんに「ここは無名塾ですか?」と聞くと、「ああそうですよ。あちらが玄関です」

と、教えてもらった。玄関で宮崎さんを呼んでもらうと、彼女は「あら、そこで仲代に会いませんでした？」と言うのだ。「えっ！仲代さん？」半信半疑でいると、そこへ件のおじさんが、のっそり入ってきた。改めて良く良く見れば、なんと仲代さん本人だった。私は見事に見誤ったのだ。映像から抱いていた仲代さんは、眼光鋭く抜き身の刀のように周囲を圧倒する存在感がある人と感じていたので、信じられない思いだった。仲代さんは若い頃は、「モヤ」というあだ名で呼ばれる程茫洋としていたらしい。話をしているうちに、予め抱いていたイメージとは逆に吸い込まれるような魅力を感じ、動と静、吸収と放射、集中と弛緩というような、相反する要素を大きく抱え、巨大な容量を持った人物だということがわかってきた。仲代さんも、義理の父に当たる方が弁護士ということもあり、法廷劇に強い興味と関心があるということで話が弾み、一回目の対談は楽しく終えることができた。

流星やかけし願ひは燃え尽きず　鷹雪

中村吉右衛門丈（二代目）と対談した時も、似たような体験をした。当時、人気を博していた「鬼平犯科帳」の鬼平役で、その凄みと深みのある役柄が焼き付いていたし、歌舞伎の舞台では、偉丈夫という言葉をそのまま体現した風貌と所作、太く深く腹に響く口跡、荒事役者に必要な資質を何もかも有し、鋼のような「剛」のイメージを抱いていた。現実にお会いしてみると、実に意外な気がした。ご本人は趣味の良いお洒落でモダンな紳士のうえ、シャイで含羞すら感じられるような物静かな語り口で、むしろ繊細で柔らかい印象の人柄であった。およそ画面や舞台からは、想像できない実像なのである。

「俊寛」の幕切れの見得望潮　鷹雪

茂山千作師という狂言の人間国宝との対談で、ご本人に会った時にも目を疑った。能舞台で見る千作師の顔や姿は、野太く大柄で、声も豊に大きく響き、極めて巨大な印象があり、そこにいるだけで他を圧する存在感がある。ところが、楽屋でお会いした千作師は、これがご本人かと思うほど小柄で繊細で華奢な印象の老人と見え、思わず「千作さんですか?」と、付き人に確認した位だった。対談が始まると、狂言について演技について大いに論じ、有意義な記事をまとめることができたが、舞台と素顔とのギャップの大きさが強く印象に残った。
こうして、当代一流、至宝の域に達せられた俳優の方々に接してみると、どうやら演ずる姿とご本人そのものの素顔とのギャップが大きければ大きい程、名優なのではないかという気すらした。語弊を恐れずに言えば、俳優自身の自我が薄く、側から見ればその存在が希薄に見える程であればある程、演ずる役柄がその本人に化体するというか憑依するというか、役の存在が現実化して、本人そのものとして生きてくるのではないか。名優とはそのような存在ではないか、という気がしてならない。

春寒や乞食姿の出来上がる　中村吉右衛門（初代）

この句を味わうと、役が役者に化体していく過程を詠んでいる気がするのだ。

がさ入れ

捜査方法で目に見えて変わったのは、「がさ入れ」と言われる家宅捜査である。昭和四十七年、浅間山荘事件のあった年に新任検事となった私は、この時代の「がさ入れ」の基礎を叩き込まれた。何よりも大事なのは、当事者及びマスコミに気付かれず、密かに準備をし、一斉に突入して重要な証拠物を一気に押えることだった。令状の夜間執行は原則禁止だったから、日の出の時間を調べてほぼその時間の経過とともに捜索各所一斉に着手するのが多かった。捜査員は、夜陰に乗じて予め捜索対象の場所近くの公園等に三々五々集まり、公衆電話から主任検事に電話をして指示を仰ぐ。

霧 黄 な る 市 に 動 く や 影 法 師　　漱石

正に、影法師のように集まり「予定通り、日の出の時間と共に着手」の指示を実行に移すのだ。対象の組織や個人に気付かれると、たちまち証拠隠滅をはかられて取り返しがつかない空振りに終わるため、いわば寝込みを襲うのが原則であった。だから、特殊関係人宅（愛人宅）に入った時など

見ぬふりのできぬ襦袢や衣紋竹　鷹雪

と、目のやり場の困るような場も経験したりした。

ところがである。昭和から平成になり、特捜部が「がさ入れ」する姿がテレビ画面に映し出されるようになった。なんと、白昼テレビカメラの前を、隊列を組んで堂々と捜索に入って行くのだ。

炎天を来て捜索の着手かな　鷹雪

信じられない光景だった。これから証拠を押収に行くぞ、と警告しているようなものだ。しかも、テレビカメラの前を行くなど言語道断。決してマスコミに悟られてはならない、とのかつての教えはどうなったのか。どうぞ証拠隠滅して下さい、と言わんばかりの捜索

にしか見えなかった。

あまり納得できなかったので、同期の特捜部の幹部に「あのがさ入れは何だ、あんなことで証拠の押収ができるのか？」と、追及的に聞いたものだ。すると、「時代が変わったんだよ。証拠隠滅なんかする奴の方が少ない。むしろ彼らは積極的に証拠を出してくるんだよ」との答え。そんな馬鹿な。自らの組織の犯罪を立証する証拠を差し出すような奴がいるのか。

いるらしいのだ。会社や公務員等の組織的な犯罪については、部下は自分が上司からの指示でやむを得ず行ったとする証拠を出してくるらしい。自己保身のために上司を売るようなのだ。そのまた上司は更にその上をと、結果、組織のトップまで捜査の手が及ぶことが珍しくなくなった。かつて寝込みを襲って証拠を集めた時代には、そんなことはまず考えられなかった。組織防衛のため課長補佐レベルのノンキャリアが責任をとって、それ以上の上司に及ばせないために、自殺する例も少なくなかった。今ではそんなことは薬にしたくてもしない風潮らしい。逆に追い詰められて、自殺する企業上層部も目につく。私もある企業犯罪の弁護を行ったことがあるが、正にかつての部下が上司の犯罪を確実に立証する証拠を提出していたのだ。公判打合せのため、検察官提出の調書類を被告人と共に読んだ時に、「あんなに面倒を見たのに彼等はこんなことを考えていたのか。人が信じられなくなった。むしろ裁判にかけられたことより、こちらのほうがダメージが大きい」と、しみじみ述懐したことが忘れられない。何より大事なのは自分であって、同僚でも上司でも会社でも組織でもない、自分の身を守るためなら必要な証拠は取っておこう。いざ、事が露見したらこれを提出して、自分は免れようと考えているとしか思えない人間が多くなったのだ。確かに時代は変わった。考え方も変わった。人も変わった。犯罪の質も変わり、捜査手法も劇的に変わりつつある。

密告の正義となる世たぬき汁　鷹雪

捜査協力の名の下に、多くの者が素直に捜査に応じ、証拠を差し出す。楽なものだ。甘くなった捜査からは、鍛えられた捜査官は育たないのではないか。昨今の検察不祥事の根は、こんなところにもあるのではないかと思う。

情報屋

地面師《じめんし》という文字通り土地を舞台とする詐欺師がいる。素人ばかりか土地を扱うプロの不動産業者を狙う輩も暗躍する。地価がうなぎ登りだった昭和の末期からバブルの頃は、跳梁跋扈《ちょうりょうばっこ》していたものだ。日本全国を股にかけ、土地で儲けた不動産業者ばかりを狙って、濡れ手で粟のぶったくり。その代表的な手口は二束三文ながら面積だけ広い土地を舞台に、所有者と称する田舎の「地主」が金を借りた闇の金貸しから取立てを受け、土地を処分して現金を得たいという話を持ち込み、そこへ何食わぬ顔をして「社長」なる人物が現れてその業者から紹介されたその土地を見に行き、良い土地だとして地主の言い値で買うことを決める。そして狙った業者の仲介で売買契約締結の日に、買主の「社長」は「代金」を現金で持参し不動産業者に見せるが、売主が定刻を過ぎても来ない。しばらく待った「社長」は苛立ち、決済を一日延期するからと半金を不動産業者に預けてその場を立ち去る。少し遅れて、「地主」が権利証等書類一式を持って現れ、どうしてもその日の内に現金が用意出来ないと生命がないと泣きついて、半金を不動産業者に肩代わりしてもらう。業者は書類一式を担保に預かるが、「社長」も「地主」も消えてしまうという寸法だ。

どうしてこうも確実に大儲けした被害者を見つけるのか、不思議でならなかった。これを地面師に聞いてみたところ、「検事さん、思わぬ大金が入った時に男は何処へ行きますか?」と問われて「ん?」と唸っていると、「検事さんじゃ無理か。不動産業者なら東京なら銀座、大阪なら北新地でっせ」と嘯《うそぶ》く。そりゃそうかもしれない。大金を儲けたら、銀座の高級クラブへでも遊びに行きたいという気もおこるだろう。「そこにいるんですよ。情報屋がさ。いつもビシッとした格好で高級クラブに出入りし、社長というふれこみで金離れが良く、社交的で愛想がいい奴がさ。こいつが成金の客を見つけて近づき、有名人や上場会社の役員、政治家などを紹介するなどして信用させ、どうして上手く金を儲けたのかその自慢話を聞き出すという具合でさ。この連中からどこの誰がどの程度儲けたのかという情報を買うんです」なるほど、そういう訳か。効率よく被害者をピックアップして次々と罠にかけていったということなのだ。

検事を辞めて弁護士になって、先輩弁護士から頼まれて同様の地面師事件の弁護を引き受けたことがある。検事時代に聞いた情報屋の話が、本当かと弁護した当人に聞いてみたら案内するという。保釈されて感謝したせいかもしれない。彼と共に銀座で名の知れたクラブに行った。流石に銀座のホステスは綺麗だった。

風に落つ楊貴妃桜房のまま　久女

正にそんな風情で、目移りがしてしょうがない。しかし、しばし見ていると様々な女優の顔のコピーを見ているようで、それはそれで楽しくもあった。

焦らしつつ月下美人の咲きにけり　鷹雪

地面師の男に情報屋を教えてもらうと、あれもこれもと指差す。かなりの人数だった。二、三カ所有名な高級クラブを渡り歩いて地面師に散財させた。彼の話によると、この連中は芸能人、政財界のスキャンダルを嗅ぎつけ、これをマスコミやヤクザ、ブラックジャーナリズム等に売っているとのことだった。

そういえば、江戸の昔から吉原を始めとする花街は、お庭番等の隠密が情報を得ていた場所であるし、特捜事件等でもこの辺りに情報源を持つ捜査官もいたと聞く。高級クラブは芸能人も上場企業の役員も政財界の幹部達も社交場として利用し、様々な情報が彼等の間でも行き交う。蜜にたかる蟻のように情報屋が蠢き、彼等独特の感性と需要に基づき、情報を売買するようなのだ。くれぐれも得体の知れぬ者には、調子に乗って自慢話等してはならない。何処でどう使われるか知れたものではない。

氏素性知れぬも土用鰻かな　鷹雪

鰻は何処で生まれるか、つい最近まではわからなかった。むしろそれがロマンだった。素性が判らなくても余り気にせず美味しく頂けるのは、この位のものであろう。

本当の私は？

オウム事件から十七年間逃げ続けた最後の特別手配犯、高橋克也がついに逮捕された。半年ほど前の年末、自ら出頭して逮捕された平田信のように、部屋にこもりきりだった訳ではなく、すっかり容貌は変わっていたが社会の中で生活し、人々の中で怪しまれることもなく、十七年間を過ごしていたのだ。手配当初の写真や防犯カメラに写された写真、動画、更には似顔絵などが公開されて、市民の目がついに彼を追い詰め逮捕に至った。

残党も全て刈らるる麦の秋　鷹雪

高橋が捜査官に「どれが本当の自分だか今でもわからない」と供述している報道を見て、私は一人の男を思い出した。今ではすっかりお目にかからなくなったが、給料袋が月給の支払に使われていた頃の話である。

給料日になると先輩諸氏が給料袋を開けてお金を一部取り出し明細書に様々な加工を施して戻し、封をしている風景をよく見た。奥方に給料の全てを渡すふりをして、小遣いを捻出していたらしい。山の神は怖いらしく、業務上横領みたいな手口で、飲み代、マージャン代、その他様々な用途に用いていたようだ。先輩はご親切に若輩にも明細書の字が本人の字とばれないように、他の人に頼むのがミソだとか教えてくれた。給料日にお互いに協力しあっていたのがおかしかった。

蠅生るる悪党にして憎めざる　鷹雪

窃盗で逮捕されて来た男がいた。一見律儀な職人風の男で、「事務所荒し」という事務所ばかりを専門に狙って空き巣に入り、現金だけを盗む手口で余罪は相当数に上っていた。盗品の中に、空の給料袋の束が含まれているのが不審だった。記録を読んで驚いた。この男、妻子がおり、その妻子はその男が泥棒であることに全く気がついていなかったのだ。工場勤務の工員達が多く住む地域にアパートを借り、他の工員と同じ出勤時間帯に弁当を持って家を出て、夕方近所の工員達と同じ頃に帰宅し、給料日にはきちんと妻に給料袋を渡していたのだ。平日は毎日家を出て、工場地帯を歩き回り、盗みに入る事務所の品定めをしていた。泥棒が好む家とそうでない家がある。好きな家は、金の匂いがし、入りやすく、逃げるのに都合の良い場所にある。入りやすいことを優先するのは素人だ。玄人は仕事の後、どう逃げるかを考えてから入る。自ずと狙う事務所も絞られてくる。男は、日々周りの工員と同じ人相服装で、殆ど意識もされず、好みの事務所を物色していたというわけだ。

泥棒の手口は、悲しい程にワンパターンだ。狙う建物、侵入の方法、窃取する物品、逃走方法などがほぼ決まっていて、これらの諸点の特徴をコンピューターで処理すると、前科者であればピンポイントであげることができる。手口から仇名のついた泥棒も扱った。「着流し泥棒」。高級住宅街専門の空き巣狙いだ。和服の着流しを着て高級住宅街を悠然と散歩するふりをして、留守と見るや侵入して現金を盗む。終わると何食わぬ顔をして出てくるが着流し姿、その住宅街に似合う風貌でとけ込んでいたから不審者として怪しまれもしなかった。うまく考えたものだ。九州地方に昭和四十年代、宝石店ばかりを狙う「下がり蜘蛛」という怪盗がいた。赤外線の防犯装置をあざ笑うかのように天井を破り、するすると店に降り、宝石を奪うとまた天井を通って逃走するのだ。いずれもきっちりと鮮やかなワンパターンの手口で、盗みを「おつとめ」と言うだけあって、職人的な手際であった。
事務所荒しの男も律儀かつ真面目な工員としての生活態度で暮らし、妻子にすらその実体が泥棒であることを悟らせなかった。男は、給料日に辻褄合わせのために、盗んで得た現金と給料袋の束から自分の年に合う金額とその明細書の入った給料袋を、ご丁寧にも作って妻に渡していたのだ。男は、窃盗犯である点を除くと、家庭的には良き父であり夫であったに違いない。男も手口の特徴から事務所荒しの現行犯で逮捕された。その時、オウムの高橋のように、「本当の自分がわからない」と述懐したかもしれない。

なにがうそでなにがほんとの寒さかな　万太郎

親子鑑定

証拠の中で、劇的に進化したのはＤＮＡ鑑定である。かつて客観的証拠といえば指紋がその代表であったが、今や精度の進んだＤＮＡは伝家の宝刀のような決め手となっている。最近の東電ＯＬ殺人事件のネパール人受刑者の再審が認められたのも、最新のＤＮＡの鑑定結果によるものだ。

秋風や模様のちがふ皿二つ　石鼎

家事事件の分野でも、親子鑑定が一変した。かつては大学の法医学教室に委嘱し、血液型、顔貌、体型、指紋、掌紋、耳垢の乾湿などを調べて判断をしていたものだ。血液型はわかりやすいが、ＡＢＯ型だけでは判断できない場合も多い。そこで、血液型といっても様々な種類の血液型を組み合わせて比較検討し、更には顔の形、体の形を写真撮影などをして見比べ、指紋や掌紋の型やタイプを調べて似ているかどうかを判断する。更には耳垢の湿ったタイプか乾いたタイプかまで調べて総合的に親子の判定を下すのだ。従って、相当な分量の調査と精密な判断が必要で、時間も費用もかかったものだ。この親子鑑定の時代は数十万円程度の鑑定料が必要だった。

その頃、一件の事件を取り扱った。婚約者の産んだ子が自分の子だと言われたが信じられない。相手から認知を請求されたが認めたくないので、親子関係がないことを裁判ではっきりさせたいと依頼され、親子関係不存在の訴えを起こした。相手方は親子鑑定をすることに強力に反対をしたが、裁判所の決定があったため、これに応じた。そして、大学の法医学教室で鑑定をすることとなったが、ＡＢＯ型の血液型検査で父子関係がないことがはっきりしてしまった。教授の話によると、血液を採る際、女性は「あの人の子どもではありません」と、あっさり自白し、検査の結果、それが裏付けられたということであった。

十年ほど経って似たような事件が舞い込む。依頼者は離婚の相談とともに、その妻が産んだ子が自分の子どもではないと思うとのことだった。彼は半年程その女性と付き合い、その後別れて数カ月経った頃「妊娠した。結婚して欲しい」と言われ、男女関係もあったし、子どももできたと言われたので、結婚することとし入籍をした。同居しない内に出産となり病院で児を出産したが、退院日とされた日に彼が迎えに行ったところ、三日前に退院したということで、驚くとともに不審に思った。その後、実家に戻った妻に対して同居しようと再三訪れたが、様々な理由で家に入れてもらうことすらできず、追い返される始末で、不信が募った。そして離婚と親子関係の不存在を求めるに至ったのだ。裁判所の委嘱でＤＮＡ鑑定を行うこととなり、弁護士会内で双方弁護士立会いの上、彼と子どもの検体を採取した。わずか十日後に出た結論は「総合父権肯定確率０」、即ち、全く父子関係が認められないとの結果であった。何ともあっけなく、しかも数万円の費用で決着した。

勝訴得て銀杏黄葉を仰ぎ見る　鷹雪

少なくとも女性は子の父親が誰なのかはわかるようだ。男は自分が父親であることは信じるしかないが、そこから悲劇が生まれたりもした。一時話題になった木村拓哉主演の「華麗なる一族」も、現代のＤＮＡ鑑定があれば悲劇とならなかったかもしれない。

果たしてこれがいいのかどうか、少なくとも民法は父親は信じるものだという見解に立っている。婚姻している場合、子が生まれると夫の子と推定され、これを否定するには一年以内に嫡出否認の訴をしなければならない。また、出生後にその子が自分の子であることを承認した場合には、（生物学的な父子関係の有無にかかわらず）子の否認権も失ってしまう。民法の立場は血の正当性より家庭の和と安定を優先したものと解されている。確かに氏より育ち。親子取り違え事件をみても、生物学的には違う親のもとに育てられた子でも親子としての情が通い、貌も似通ってくるから不思議だ。そのような人間社会の実態を見据えての法の立場と言えるだろう。何もかも科学的に明らかになることが、人の幸福に役立つとは必ずしも言えないのではないか。

貴種とても丹精なくば菊根分　鷹雪

目利き

検察庁には係検事という専門捜査官がいる。麻薬係、暴力係、財政経済係等々だ。麻薬係は覚醒剤等の薬物犯罪を専ら扱い、暴力係は朝から晩まで暴力団関係者の事件を調べ、財政経済係は企業犯罪や脱税事件などを担当する。病院の外科、眼科、循環器科等のような専門の部署だ。私が最初になったのは、麻薬係だった。四六時中、覚醒剤事犯者ばかりを調べていたから、一目見れば目つきや動作、匂いから覚醒剤常習者であることがわかるようになった。

覚醒剤の事件の端緒は、本人や家族が警察に通報してくることが多い。本人の場合は覚醒剤の影響で被害妄想になり、危害を加えられるからと警察に保護を求めて駆け込んでくる。飛んで火に入る夏の虫みたいなものだ。家族は本人の妄想の被害に耐えきれなくなって来る。これをきっかけに捜査に入るのだ。暴力団は覚醒剤を捌くくせに、使用する者を破門する。それは自ら覚醒剤を使用すると、組自体を破滅させることになるからだ。私が扱ったケースでは、組長自身が覚醒剤に溺れ、命を狙われる妄想を抱き、天井にビール瓶を縦横格子状に吊り下げ、槍のようなものを持って寝て、ビール瓶が動いたら突き刺す等の異常行動をとった。結局配下の者にも猜疑心からリンチを加えて組を潰した。正に「人間やめますか」なのだ。

サングラス追はるる者も追ふ者も　鷹雪

このような事件のポイントは、覚醒剤であることの確実な証明ができるかどうかということに尽きる。覚醒剤ということで注射したり、吸引して覚醒剤の反応があるからといって、それが覚醒剤であるとは限らない。薬には「暗示効」があるからだ。医師が睡眠薬だといって小麦粉を飲ませても、睡眠剤の効き目が出る。思い込みの効果だ。だから、科捜研に鑑定に出して覚醒剤と証明された薬物を中心として、その譲渡、使用などについて立件捜査していくのだ。自白があるといっても、覚醒剤と科学的に証明できないものは起訴できない。

ある時、覚醒剤の「目利き」と言われる男が送検されてきた。この男、覚醒剤の大口の売買に立ち会い、対象の薬が覚醒剤であるか否かを見極める目を持っていると言われていた。覚醒剤は現金で即時決済、「ガセネタ」と言われる偽物を摑まされたら取り返しがつかない。だから、その真贋を目利きする者が買い手にはいるのだ。彼が本物と判断したものは、間違いないと言われる程の信用があった。しかし、科捜研のような科学的な検査器具も試薬もなく、その場でどうして真贋を判断できるのだろうか。

双六の賽に雪の気かよひけり　万太郎

まさかサイコロを転がして決める訳でもあるまい。私は不思議に思って彼からその鑑定方法を聞き出した。彼は得意そうに「舌に乗せた感じ、一部を焼いた時の匂い、一部を水に溶かした時の溶け方」等、いくつかその場で確かめて判断すると、まず間違いないですよと嘯く。そこで、彼のその手法が科学的に裏付けられるかどうか科捜研に依頼して彼の供述の裏を取った。すると、彼が供述した通り、匂いや水に溶ける際の動き方等、科学的に説明できる特質を言い当てており、素人判断ながら合理性があり、覚醒剤と判断する手法としては、おかしくないとの内容であった。その供述を根拠に、彼が本物と判断した覚醒剤の取引を起訴し、有罪に持ち込んだ。

悪もまた与し易しや鶏合せ　鷹雪

この男「目利き」の鑑定技術ばかりではなく、覚醒剤を小分けする繊細な技術も持っていた。耳かき一本で0・001グラムといった単位の覚醒剤を正確に分ける。しかも目分量でありながらこれを電子測量しても殆ど狂わない。通常覚醒剤は0・02ないし0・03グラムをワンパケと言って、一回分に使う。彼は一回分のその数量を風袋ぐるみにして、風袋分つまりビニールの重さ分の微量をより分けて抜き、これを集めて別にワンパケ分を作る。せこいが見事なものだ。日本の技術者はミクロ単位でもその手で加工できると言われているが、犯罪の世界でもそんな職人タイプの人間がいるのだ。惜しむべしと言うべきか。

子の代理人

　結婚が破綻して、父母の一方が他方の了解を得ずに子どもを連れ去った場合どうするか。国際結婚ならハーグ条約が締結され、現在九十近い国が加盟し、日本も加盟に向けて法整備を進めている。離婚の際の子の奪いあいは激しい。法的にどのようにこれを解決処理するかは、現在の難問のひとつだ。

奪ひあふ子の親権や菜種梅雨　鷹雪

　現在、家庭裁判所でも家事審判法の改正が進み、新しい制度も出来上がりつつある。その中のひとつが「子の手続代理人制度」だ。私が弁護士になりたてであった三十代半ば、「人身保護請求手続」における子の国選代理人になったことがある。当時、離婚に伴い子どもを実家に連れて行って返さない事件については本来の制度趣旨とは少し異なるが、

「拘束者」からの解放という点で、似通っていた人身保護請求という制度が流用されていた。その時も夫が子どもを妻の元から連れ去って、夫の実家に連れて行き、そのまま返さなかったために、妻が人身保護請求による手続をとり、夫側にも代理人が付いてこれを争った。夫妻の代理人とは、いずれも異なる弁護士会に所属していた私に弁護士会から就任の要請があった。裁判所に呼ばれ、裁判官から「子どもの代理人としてどちらの家で育つのが子どもの福祉に役立つか、意見書を書いて欲しい。夫、妻側双方の代理人から子の代理人の意見に従うとの合意を得ているので、しっかり調査した上で提出して欲しい」と、指示があった。当時としては、極めて例の少ない貴重な体験なので、張り切ったものだ。私が選任されたのは、子の生活すべき環境や双方の家の実態を調査するという使命から、「捜査」のプロだった検事を辞めたばかりの私に白羽の矢が立ったのかも知れない。

　私は夫の家、妻の家に実際に赴き、その子どものいる或いはいた部屋や環境を調べた。どんなものを食べ、あるいは食べていたのかを、いきなり時分どきに行って、子に与える食事を作ってもらったり出してもらったりした。食事は子にとって重要なポイントだし、自ら作りあるいは誰が作るか、それらを実験してみたかったせいでもある。実際に味わいもした。
印象深いことがひとつある。子の通っている保育園に行った時だ。子ども達が遊んでいる部屋の中に私が入った途端、私の回りに子ども達がわっと集まり、抱きついたり触ったり文字通りべたべたと十重、二十重にたかられてしまった。なかなか離れてくれない。どうして子ども達がこのような行動をとるのか。園長さんの解説に愕然とした。「母子家庭が多いからねぇ。ここには貴方のようなお父さん世代の若い男性が普段いないから」そうか。お父さんとのスキンシップに子ども達は強く飢えているのだ。その後、「保父」さんが現れるようになったのは、このような理由からなのか。子どもにとってスキンシップといえば母親と思われていたが、実は父親もスキンシップの欠くべからざる対象なのだ。未だに忘れがたい体験だった。

咳の子のなぞなぞあそびきりもなや　汀女

私にとってこの調査は貴重な経験に加え、実に色々なことを学んだが、悩みの末に最終的に選んだ結論は「母親の元へ戻すべき」であった。未就学の幼児にとって母親の元にいるのが一番との思いになった。夫婦どちらも知性も教養もあって信頼できる人物であったが、母親により深い子への愛情を感じることができたことが大きい。意見書を提出し、当初の合意に従い、子どもは母の元へ戻った。

秋闌けて肌の温みに寝入りけり　鷹雪

後日談がある。三十有余年を経て、私はこの時の母親に会うことができた。同じゴルフ倶楽部のメンバーが彼女の高校時代の同級生で、その夫とも親しい間柄であったという偶然による。同窓会で会った時に私の話が出て、お世話になった、できればお会いしたいとの言伝てを聞いて、否やを言わず、お目にかかった。彼女の印象に変わりはなかった。その子はこの事件の後、主にアメリカで育ち、立派に成人して今では結婚しているとのことだった。夫はこの事件の後、数年で病を得て亡くなられたと聞いた。

刑務所の爪あげ（前編）

刑務所の中の刑務所をご存知だろうか。服役者が規律に従わず刑務官に反抗して暴れ、刑務作業に従事しない、いわゆる処遇困難者を懲罰や沈静化のために収容する特殊な施設である。「特殊房」という。

黒南風や無音の壁の特殊房　鷹雪

大抵の房は手の届かない高い所をガラスブロックにして明りを取り入れ、四囲の壁は暴れても怪我もせず音もたたないような特殊な材質でできている。入ってみると、それこそ泣いても叫いてもどうにもならない恐ろしさを感じる空間である。食事は下の穴から差し入れられ、トイレはただ水洗の便器がへこんだ状態であるだけである。どこの刑務所にも一つや二つ、このような特殊房がある。

ところで、処遇困難者として勇名を馳せ、古い刑務官ならすぐに「あいつか」と判る者達をあえて集めて収容している刑務所がある。北九州医療刑務所だ。この刑務所は精神病院も併設されていて、何と特殊房が十室もある。西日本の刑務所で、どうにも扱いのできない暴れ者を簀巻きにして、垂れ流し状態で搬送して来ているとのことだ。精神的に問題のある収容者も多い。刑務所を視察に行くと、その刑務所の沿革や収容者の実態について刑務所幹部から予め説明が会議室でなされるのが通例である。この刑務所は全国的にも有名な処遇困難者を収容している稀な刑務所だから、さぞかし視察について気をつけるように注意されるものとばかり思っていた。ところが、所長は「皆さん、どうぞ収容者と是非話をして下さい」と言うではないか。そんなばかな。刑務所の中では私語は御法度、収容者が話をするなど通常ではあり得ない。それまで行った数多くの刑務所ではそうだった。ここは凶暴なことで名を馳せた収容者が集まっている所なのに、どういうことか。皆一様に戸惑い、半信半疑の面持ちだった。

所長が案内して刑務作業を行っている工場に入った。札付きの処遇困難者が刑務作業に従事していることすら驚異なのに、彼等が話をする？　どういうことか。さすがに誰も声をかけようとしなかった。所長は「どうぞ皆さん話しかけてやって下さい」と言うのだが、むしろ目を合わせないようにしてうつむくばかりだった。そこで所長がある収容者を捕まえて「どうかね、最近」と聞くと、その者は「最近は我慢が良くできるようになりました。気に入らないと殴りたくなるのですが、今では殴られても我慢できるようになっています」と言うではないか。誰かが「今、どんな作業をしてますか」と見ればわかるような間抜けな質問をしたが、「皿を作っています。私の作った皿は売れるんです」と得意気に示しながら説明する。刑務所で収容者とこのように話した経験はなく、新鮮というよりはどうしてこのようなことが可能なのか、不思議に感じたものだ。作業工場はどこでも収容者がおとなしく作業を行っており、その一人一人がかつては刑務官を悩ませ、手を焼かせた恐るべき処遇困難者とは到底信じられなかった。

髭捕へ暴れ伊勢海老茹でにけり　鷹雪

まるで魔法を見せられているような感じで、不思議に思いつつも感動したものだ。呆然と視察から戻り、所内に飾っている写真を見た。そこには鎌を持って稲刈りをしている収容者が写っていた。複数の人間を殺し、精神的な点でかろうじて死刑を免れたような処遇困難者に鎌を持たせて稲刈りをさせるとはどういうことか。更に、刑務所で「凧あげ」をしている収容者が写っていた。思わず所長に「何故、凧あげを許可したのですか?」と聞いてみた。通常の刑務所では考えられないからだ。所長は事もなげに「本人にどうしてそんなに暴れるのか。どうしたらおとなしくなるのか。考えて答えてごらん」と言ったらその彼は、「凧をあげさせてもらえますか。そしたらおとなしくなるかもしれない」と答えてきたんです。まあ、やらせてみろ、と言って凧あげをさせたのがこの写真です」私は「それでおとなしくなったのですか」と聞くと、所長は「なりました。だからここに飾ってあるんです」

うまや路や松のはろかに狂い凧　　不器男

刑務所の凧あげ（後編）

その男の独白。「どうしたらおとなしくなるかって？　俺は誰にも従わず、誰にでも刃向かって狂犬のように生きてきた。これまでにいいことなんて一つもない。おとなしくなんかなれるものか。いい思い出はないかって？　ないね。物心ついてからいい思い出なんか何一つない。それでも何かないかって？　うぅーん、そうか、凧あげだ。凧あげを観ると何か心が和む。何故だろう。そうだ、まだ言葉もよくしゃべれない頃、親父に凧をあげてもらったことがある。暖かい温もりを感じる出来事はこれしかない。一度、凧をあげさせてもらえないか」

夕空や陽のあたりゐる凧一つ　　素十

規律の厳格な刑務所で、その男があげる凧があがった。そしてその男は、素直に作業に従事するようになった。所長は言う。「力づくで規律を強制し、守らせようとしてもきかない者達ばかりだ。むしろ彼等の心をとらえ、治療するように接することによって彼等を変えることができれば刑務官の心理的負担も減る。人員も少なくて済む。彼等自身に様々な身の回りの作業をさせることによって、更に負担が軽減できる」。刑務所のトップからそのような趣旨の話を聞くとは思わなかった。所長は、内科医だったが、自ら刑務所勤務を志願したという。所長に就くや刑務所に医師ならではの発想によるシステムを導入した。この刑務所の十の特殊房は集中治療室と見て、様々なタイプの部屋を用意した。他の刑務所と類似の部屋はなく、木製の部屋や大きく窓を取った部屋等、意匠を凝らしてそれぞれパターンが違っていた。更にパティオと呼ばれる中庭を囲むように設置され、パティオ側と廊下側と二つの入り口が各房に備わっていた。何のためか。ここに入る者は他の刑務所から移送されてきたばかりの心の荒んだ者達が最初に入る。扉が一つだと出入りの際に襲撃される恐れがあるからだ。収容者の様子を窺い、彼が注目していない扉から入り、機先を制するという次第だ。後ろを向いた途端、襲われることも度々だという話だった。そしてこれらの特殊房は、刑務官の詰め所の直ぐ側にある。集中治療室がナースステーションの直ぐ近くにあるのと同じ発想だ。所長自ら収容者に接してその心を開き、信頼を勝ち得、刑務作業に従事させる、その根本にあるのは彼等に対する信頼だ。刑務所等の拘禁施設では考えられない発想と言って良い。連合赤軍事件の主犯永田洋子は、その著書『私生きています』の中で監獄の処遇について「獄中者に対する徹底した不信と獄中者への刑罰と反省の強制によって秩序を維持する排外性、看守個々人の自主性や人格を無視した命令や指示への絶対的な服従の強制」と評している。刑務所等の拘禁施設では、そこに記された思想とやり方で秩序を維持してきたのだ。

監獄に響く施錠や月冴ゆる　鷹雪

所長は逆に収容者を受入れ、彼等を信頼し、それによって服役作業の実質を上げようとしたのだ。これまでタブーであった私語あるいは部外者との会話も収容者を信頼するが故に許し、彼等の意見を入れて差し支えのない限りこれを実行させていたのだ。現に、日本の刑務所における処遇が極めて困難とされた者が集まったこの刑務所で、平穏且つ和やかに刑務作業が行われているのは奇蹟なのだ。だからこそ、凶悪犯だった者に鎌を持たせて稲を刈らせ、本人の望み通り凧をあげさせたのだ。収容者に対する信頼がなければできまい。

精神病棟の視察に行った際、統合失調症の典型的な見本として教科書に載る石像のような動かぬ姿態で座り込んでいる者がいた。所長の「やあ、君、元気か」との一声でその表情が動き、何事か答えようとして口を動かす仕草を見て、社会と病的に隔絶している収容者からの信頼もまた絶大であることが見て取れた。日本の矯正界で革命的な実践を行っているのだ。私は後に再び同刑務所を訪れ、個人的に所長の話を聞く機会を得た。そして気になった「凧あげの男」について尋ねた。「彼は仮釈放で出所しましたよ」規律違反者に仮釈放は与えられない。彼は模範囚となって社会復帰を果たしていた。

出獄の報聞く机上黄水仙　鷹雪

中村勘三郎丈を悼む

勘三郎丈と親しくなったのは平成二十年晩秋、浅草寺境内での平成中村座の「法界坊」の公演だった。ニューヨーク公演でも大成功した評判の舞台だ。破戒僧が自由奔放やりたい放題の痛快劇だが、江戸時代さながら平場と呼ばれる座布団に座って役者、観客共に一体となって楽しめる芝居だ。ほどよい狭さが観客と演ずる者との一体感を生んでいた。勘三郎丈演ずる法界坊が、ヒロインの密会の証拠だという手紙を持って客席に降りてきた。「証拠だ、証拠だ」と叫んで私の席近くまで来た。すると突然私を指差し「ここに大澤弁護士がいる。この証拠は間違いないですね」と宣巻く。会場はどっと湧いた。私は驚き思わず頷いてしまったのだが、彼は舞台に戻っても「これが証拠だ。大澤弁護士もそう言っている」と喚き、一層盛り上がった。私は芝居の一部になった。

秋狂言勘三郎に弄らるる　鷹雪

観劇を終えて小屋から出てくると中村屋の番頭さんが手ぬぐい二折を持って待っており「先程は失礼致しました。勘三郎が宜しくとのことです」と言って手渡してくれた。さすが、後の手当もしっかりしていると思ったものだ。

翌平成二十一年正月、歌舞伎座へ新春歌舞伎を観に行った。この時は「法界坊」の時のようなアドリブはなく、正月気分いっぱいで観劇を終えた。観劇の仲間と新年会を予定していたので、歌舞伎座を出ようとするとまたまた番頭さんが待っているではないか。「勘三郎が楽屋へおこし願いたいと言っておりますので」と言う。そういえば歌舞伎座の楽屋へなんぞ行ったことはない。興味を覚えて他の者には先に行ってもらい、観客が皆帰るのを待って舞台脇から番頭さんに案内されて楽屋へ行った。暖簾に「十八代目勘三郎」と染め抜かれた楽屋に入ると、勘三郎丈が化粧を落とした姿で待っていてくれた。「先生すみません、お呼びだてして」と、「十八代目勘三郎」の平成二十一年版カレンダーを渡してくれた。「ところで私共はこの四月、金比羅の金丸座で公演します。是非来て頂けませんか」大看板から直接営業されるなんてビックリ。「必ず行きます」と二つ返事。「向こうで一杯やりましょう。あちらの酒も旨いですよ。笛も吹かれると聞いています。今度聞かせて下さいよ」何とも人の心を掴むのがうまい。

春 芝 居 跳 ね て 楽 屋 の 勘 三 郎　鷹雪

そして四月、金比羅歌舞伎に行った。金丸座の枡席の前から三列目、昼夜同一の席で芝居を堪能した。演者と距離が密接で勘三郎丈が私に向かって芝居をしているように感じられた。その夜、私達観劇仲間が宿泊しているホテルに来てくれた。乾杯し皆で記念撮影。この時彼は「今日は家内の五十回目の誕生日でさすがに外せません。約束をしていながら申し訳ない」と言いながらも、約一時間酒を飲み歓談して帰られた。今回追悼番組等で知ったのだが、この日実際、奥様の誕生祝いをサプライズ演出で行った様子がビデオに残されていた。彼の人柄が偲ばれる。

遍 路 行 く 金 比 羅 歌 舞 伎 の 旗 の 中　鷹雪

名優中村吉右衛門丈と対談。

中村勘三郎丈と歓談。左は作家の吉永みち子さん。

このようなことから、彼の人柄や「歌舞伎者」の魂そのままに新しい題材や演出に挑戦する生き方にも惹かれ、毎月のように舞台を観てきた。これまで歌舞伎に縁のなかった内外の人々に歌舞伎の面白さを伝え、多くのファンを獲得した。これ程客を呼べる役者は当代なかなかいないのではないかと常々思い、歌舞伎の次代を担う最も重要な役者の一人と大きな期待も抱いていた。知り合ってから四年程だが、頻繁に舞台を観ていたせいか、旧友というか身内感覚にもなっていた。

平成二十四年十二月五日、突然の訃報に愕然とした。葬儀の日、私は大衆から愛された彼をその中の一人として送りたいと思った。当日その年最後の裁判を横浜地裁で終え、築地本願寺に向かった。そして延々と寺を取巻く一般の列の中に並んだ。実に三時間半。寒中、黙々と彼を悼む一万人の人々の中に身を置き、祭壇の合掌姿でこちらを見ている遺影に対して心からの祈りを捧げた。

有る程の菊抛入れよ棺の中　漱石

命の重み

毎年少年院を視察に行く。複数回に亘って尋ねた少年院もある。思い出深いのは長野県安曇市の「有明高原寮」だ。少年院との表示もないし塀も鉄格子もない。ただの寮に見える。ここが私の年代の者にとっては、胸が締め付けられるような懐かしさを覚えるドラマの舞台だった。戦後間もなく戦災孤児がちまたに溢れ、これを集めて養育した施設。それをラジオドラマ化した「鐘の鳴る丘」のテーマソング「緑の丘の赤い屋根とんがり帽子の時計台鐘がなりますキンコンカン」が聞こえると、ラジオの前で耳を澄ませたものだ。風光明媚な安曇野の地に移設され、赤い屋根もとんがり帽子の時計台も残った。ここに収容された少年達は、地域の人達が職員と一緒になって少年達の教育に心を砕いていた。逃走した少年も土地の人達によって発見、連れ戻され包み込まれて更正していた。

時鐘鳴る少年院や葱坊主　鷹雪

非行少年もいれば非行少女もいる。少年院と共に女子少年院も、その近くに存在することが多い。女子少年院には、内部の処遇とは別に悩みもある。暴走族の仲間にいた少女が入所してくると、その周囲に仲間達が現れて周りを走り回り、けたたましい音をたてたり、呼びかけたりと騒然とすることもあるようだ。思い出すのは榛名女子学園の大きな古い桜の古木。春にはそれは見事な花が咲く。それとともに教官達の、退院して行く少女達が無事に社会に戻ることを祈る気持ちの強さだ。折角良い子になって退院したのに再び悪い仲間に引きずり込まれ、犯罪の被害者となって死体で見つかった等の記事に胸を痛めた経験もあるからだ。

多くの少年達は、半年から二年の間で退院して行く。実際それだけの期間で改善更生することが多い。一人の少年少女に教育や医療等の専門官が、数人がかりで教育していくのであるから、当然の結果なのかもしれない。

少年院の中には、ユニークな生活指導や職業教育を施している例がある。福岡少年院はその代表例だ。我々は福岡少年院で職業教育として介護サービス科を設け、ホームヘルパーを養成していると聞き、現代的な対応をする少年院だと思い視察した。

内 省 の 窓 を 隔 て て 春 氷 柱　鷹雪

入所すると少年達は、一定の期間独居室で自分の所業について深く考える「内省」という時間が与えられる。これを経て一定のカリキュラムに従って教育を受けていくことになる。初期の「生活指導」の中に「育児体験」がセットされているのに目を見張った。院長に導かれてその部屋に入った時「イクメン」のポスターが目に留まった。三体の赤ちゃんの人形が、麗々しく置かれていた。院長曰く「ここでは少年達に育児体験をさせています。まず、妊婦体験スーツを着て靴下をはいたり脱いだりさせます。重さは羊水分も含めて八キロ位ありますから、簡単に思える靴下の脱着も大変な苦労になるということを分らせます。これは女性がこれだけの苦労をして子どもを体内で育んでいるということを知らせ、パートナーに子どもを妊娠させるということが、どのような実態としての意味を持つのかを少年達にわからせる効果も考えています」実際に腹側にバックを抱くような妊娠体験スーツを着させてもらった。確かにずっしりと重く不自由で、苦しかった。軽く考えていた自分を深く反省させるものだった。そして三体の赤ちゃん人形。「この精巧に出来た三千グラムの赤ちゃん人形を本物の人間と同じように取扱い、授乳し、沐浴、オムツ替えを実際にさせるのです。それがどれだけ大変であると同時に、愛おしいものであるかをわかってもらうためです」

わらんべのおぼるるばかり初湯かな　蛇笏

何故このような教育を行うようになったのか。平成九年の連続児童殺害「酒鬼薔薇事件」に衝撃を受けた当時の院長が、少年達に命の大切さを理解させようと始めたカリキュラムとのことだ。どれだけの思いをして子どもが生まれ、育てられているのか。それを自ら体験することによって、安易に命を弄ぶ恐ろしさを学ばせるために現在でも続けられているのだ。体験スーツも人形も、その重みにこそ命がある。

サンズイ事件

青年検事として宮崎に赴任した頃のことである。
温暖な気候と穏和な県民性から大した事件も深刻な事件もなく、検事としては牧歌的な生活を送っていた。五月のゴールデンウィークは、官舎の人達から誘われて大淀川の河口へしじみを採りに出かけた。シャベルと大きなバケツを持ち、長靴を履いて歩いていった。官舎から二十分程の大淀川の河口付近の中洲に着き、周りの人達と同じようにシャベルで砂を掘り出すと、しじみがザクザク採れた。太くて立派な滋養に溢れた良質のしじみだった。

砂利のごと一攫に取る蜆かな　鷹雪

夢中になっていると、突然「宮崎チケンの大澤さん。おりましたらご連絡下さい」という放送が聞こえる。初めは聞き流していたが、周りの者が「検事のことではありませんか」と注意を促してくれた。再度聞くと確かに「宮崎地検の大澤」とは自分のことだと思い、放送をしている方を見ると何と赤色灯を回したパトカーではないか。すわ何事か。慌ててパトカーに近寄って「大澤です」と言うと、制服警官が「地検の大澤検事ですか」と確認するので頷くと「直ぐにお乗り下さい。次席がお呼びです」やむを得ず採ったしじみが入ったバケツとシャベルを預け、長靴姿のままパトカーに乗り込んだ。周りには野次馬が取り囲み、こちらを指差して何かを言っている。後ろ指を指されるというのはこういうことかと実感した。てっきり何か悪いことをして捕まって、警察へ連れて行かれる姿に見られたに違いない。検察庁に着くと次席が待っていて「サンズイ事件だ。これから直ぐに北署に行って指揮を執り、調書を検討するように」との指示を受けた。直ちにしじみ採りの長靴姿のまま宮崎北署に向かった。

「サンズイ事件」とは何か。刑法の中でサンズイの付いた罪名は「汚職」の「汚」である。ここから贈収賄事件を「サンズイ事件」と捜査官達は、呼び習わしているのだ。贈収賄事件は、知能犯事件の価値としては金メダルクラスだ。大小を問わず、権力に携わる者が、権力を利用して私腹を肥やし、公務に対する国民の信頼を失わせる重要犯罪と位置づけられている。特捜部も高級公務員、政治家などの贈収賄事件を立件捜査して起訴に持ち込むことが勲章なのだ。従って、その捜査は慎重を極める。長期に亘る内偵の末に、強制捜査に至るのはマスコミに悟られないため、大型連休時期が多い。そこで、しじみ採りをしていた私に白羽の矢が立ったというわけだ。

畑打や池田の鯉を手捕ったり　誓子

この種の事件の要諦は、権力を利用して不正な利得を得るところから「職務権限」の有無、その職務権限の使用ないしは不使用の対価としての利益の授受がされたかが中心である。収賄側にどのような職務権限があるのかを確認するのも捜査の基礎だ。

かつて私の父が某市の総務課長をしていた当時、行政トップの贈収賄事件が発覚し、その職務権限について取り調べを受けたことがある。昔気質で忠義な父は、上司をかばい、捜査に非協力的だったらしい。そのため、横浜地検の主任検事から厳しい取り調べを受けた。父は深く傷つき、恨みに思い「検事」を蛇蝎《だかつ》の如く嫌うようになった。私が検事に任官すると言いだした時に「お前は何であんなものになるのか。弁護士を目指して司法試験を受けたのではなかったのか」と、顔色を変えての大反対だった。父に似てへそ曲がりな私は、あまりの反対に逆に燃え、押し切って検事となった。父の無念そうな顔が忘れられない。宮崎地検の後、横浜地検に転勤した。そして刑事部で五人の捜査官のいる大部屋の部屋長となった。その部屋の感じは、かつて父から聞いた父が取調べを受けた取調べ室の様子に似ていた。実家に帰った際、聞いてみると実に詳しく調べ室の様子を語り、何人もの人の前で厳しい調べと共に面罵された悔しさをまだ覚えているようであった。父に「その部屋に僕はいるよ。多分僕が座っている机で調べられたようだね」と話した。父は呆然と口を開けたまま絶句した。

桐咲くや父の命日告ぐるごと　鷹雪

命を担保にした女

ある日、空地に駐車していた赤い車のトランクから女の遺体が発見された。首を絞められトランクに押し込められていたことから、殺人事件として捜査が行われた。刑事達は金銭か男女間のトラブルが動機とみて、女の交友関係を当たれば、簡単に解決できる事件と踏んだ。ところが捜査は思いの外、難航する。何故か。女を殺害する動機を持つ者が、かなりの数に上っていたからだ。誰もがその女が死ねばいいと考えていた。女は数十人に上る者から金を借りまくって返済していなかった。金を借りる時、生命保険契約を結び、受取人に指定して「いざという時は生命保険で払ってあげるわよ」と命を担保に次々と金を借り踏み倒していた。彼女に金を貸した者は、回収のために誰もが彼女の死を渇望していた。動機のある者が多過ぎて捜査は行き詰まった。

糸取りや手がかりつかむ老刑事　鷹雪

ところが、ひょんなことから突破口が見いだされた。生命保険の受取人が一斉に保険金の請求を行ったのだ。保険会社はその中に女を殺害した人物がいる可能性があるので、支払を停止した。その捜査を担当した刑事は、リストの中の一人に注目した。保険の受取人になっていながら、請求をしない人物がいたのだ。彼への捜査が集中的に行われ、数度に亘る任意取調べの末に女の殺害を自白し逮捕された。それと共に、彼に殺害を指示した黒幕も逮捕され送検された。私はその黒幕の取り調べに当たった。彼は六十半ばの老舗《しにせ》の店主で、数千万円の金を彼女に貸していた。当初、全面否認していた彼も、ついに自供するに至った。

問ふほどに自家撞着や地虫出づ　鷹雪

検事さん、恐れ入りました。確かに奴にあの女を殺せと頼みましたよ。まさか自分で殺すとは思いもしませんでしたがね。私に「あの女殺して保険で回収したいですね。知り合いに殺し屋がいますから頼みましょうか」と持ち掛けてきたのは奴なんだ。「いくらかかるか」と聞くと、「五百万円だ」と言うので、やっと工面したんだ。ところがあの女、ピンピンしているじゃないか。「一体いつ殺すんだ。早く殺し屋にやらせろ」と再三催促をしましたよ。すると奴は「ただ殺すのは簡単だ。殺人で災害死として保険金を多く取るためにはちゃんと死体がなくちゃなんない。犯人が捕まっては、こちらも危なくなるから完全犯罪をしなければならない。段取りや計画を完璧にしなければいけないから時間がかかる」等ともっともらしい言い訳ばかり。

一向に埒《らち》があかないので、自分で催促しようと殺し屋を連れてこいと要求したんです。すると「社長は知らない方が良い。万一ばれた時も知らなかったと言えるようにしておいたほうがいい」等とはぐらかされる。しかし、何カ月も待たされたんで堪忍袋の尾が切れて強く責めたんです。すると奴は「今日交通事故を装って殺しました」と御注進して来たんですよ。ついにやったかと喜びましたが、待てど暮らせど一向に死体が出ない。殺したんなら、あの女の死体が出てこないのは、おかしいじゃないか。どうなっているんだ。殺し屋に騙されたんだろうと奴に食ってかかったら「間違いなく殺った。大丈夫です」と自信ありげに言ってましたよ。
　十日も経った頃、新聞に車のトランクからあの女が発見されたとの記事が出ました。私は新聞をもって「やった、これで助かる！」と嬉しくて小躍りしましたよ。これで五千万円手に入る。百年続いた看板が守れる、それしか頭になかったんです。殺し屋代五百万円は、惜しくなかったと思ったもんです。何ですって、奴が請求しないから足がついたんですと。あの女の生命保険で金を回収するためにやったことですよ。自分で首を絞めて殺したんなら悪党らしく、始めから請求すれば良かったんだ。バカな奴だ。自分の首も絞めやがった。柄にもなく「良心の呵責」だなんて笑わせるよ。他の連中は「棚ぼた」だな。少しは感謝してもらわないと。まあ、しかしどうやってもバレるもんなんだな。今では憑きものが落ちたみたいにサバサバした心持ちですよ。どうせ長い懲役でしょ。年だし、刑務所に入ったら生きて出てこれるかどうか。

　秋風や屠られに行く牛の尻　漱石

目のつけどころ

「名優の素顔」の対談では、一流の俳優の方々の演ずる姿とご本人そのものとのギャップの大きさの不思議さを感じたが、実業で活躍している方との対談では本人のぎっしりと実の詰まった重量感に圧倒された。仲代達矢さんに続いて対談した当時の帝国ホテルの第十一代料理長村上信夫さんは、堂々たる体軀の偉丈夫であった。両親を早く失い、食うに困らない仕事として料理人を志し、十三歳で丁稚奉公に出て、十六歳から本格的な西洋料理に進んだという氏は腕一本で帝国ホテルの料理部門のトップに登り詰め、帝国ホテル本体の専務取締役にも就任していた。最初は皿洗いで料理を手伝っているうちにそこのシェフに見込まれ、帝国ホテルを紹介される。帝国ホテルに勤めていた時に軍隊に招集され、シベリアに抑留された。強制収容所で手術を受けた瀕死の兵隊が最後にパイナップルを食べたいと願い、それを林檎を使って料理して食べさせた逸話は有名である。この林檎パイナップルのお陰で本人が死の渕から生き返り、元気になった姿を見て、自分の使命は料理を作ること以外に何もないと確信したのだ。

すべてなしぬひとつの栗のおもさ掌に　素逝

戦後、帝国ホテルはかつての一流の欧州料理を復活させるために、欧州へ赴任する大使の料理人という形で、許可を取ってコックを派遣することになった。この時、候補として呼ばれたコックは皆「家族と相談して」と答えを留保したのに、村上氏は即断で引き受け、社長から「家族と相談しなくていいのか」との問いに「帰ってから話しますから大丈夫です」と言い切った。後に社長から「自分のことを自分で判断できない奴はダメだ。だから、仕事はともかくお前にしたんだ」と聞いたそうで、運は自分で捕まえるものだと実感した。この時の渡欧で、フランス料理を始め、欧州各国の料理修行に努め、有名なバイキング料理というレストラン方式も北欧料理をヒントに村上氏が始めた。

オーロラや夜食に齧る青林檎　鷹雪

一流の料理の味を保つために料理人としての舌を鍛え、仕事中はタバコはもってのほか、コーヒーも飲まずカレーなどの味見をした場合は他の味見はしない。空腹だと何でも旨く感ずるから早めの食事をする。心も冷静に保つ。怒ると味が辛くなり、興奮すると味が乱れるそうだ。ホテルの味は常に一定の「帝国ホテル」の味でなければならず、そこが家庭料理とは違うところだ。濃かったり薄かったり味にバラツキがあるからこそ、家では毎日食べても飽きないのだそうだ。もっとも、辛い味付けが続いたら要注意だが。

村上氏は料理長になった時、欧州へ赴任する外交官から料理人の推薦を頼まれた。四百人以上のコックの中から一人を推薦した。そのコックは鍋洗いで料理を作っている者ではなかった。料理を作っていない者を何故選んだのか。彼は鍋を湯につけると同時に下ごしらえを手伝い、その合間に鍋を洗って完璧に磨き上げていた。その骨を惜しまぬ仕事振りを見て、かつての自分の姿を感じ、推薦したのだそうだ。その彼は大使館の料理人としてヨーロッパに行き、村上氏の助言に従い勤務後は稼いだ金の殆どを使って欧州のレストランでの修行に費やして帰国し、当代一流と言われるシェフとなっている。三國清三シェフである。彼もまた、村上氏を師と仰ぎ、深く私淑している。

プロの目のつけどころは鋭く且つ確かだ。まだ原石のような人間の将来の輝きを見抜き、それに相応しい場を提供する。村上氏自身も節目節目に名伯楽によってその働きぶりを認められ、一段高いステージに押し上げられて行ったように思う。

蟻の道努力の神を裏切らず　鷹雪

一番早く職場に来て、一番遅く帰り休まない者。一般的には勤務評価は高いはず。だが、捜査のプロは怪しいと睨み、悪事を働いている可能性を直感する。金銭を扱う者であればさらなりだ。誰よりも早く職場に行くのは証拠を自分の管理下に置き、遅く帰るのは隠し通すためだ。露見を恐れる心理からの行動とみる。横領犯人はまずこのタイプだ。擬態を見抜く目も、またプロフェッショナルなのだ。

不在者の財産管理人

父親が亡くなり、相続が開始された。相続人達は、はたと困った。長男の所在がわからないのだ。独身で生活していたが、会社をリストラされた後、姿を消した。警察に捜索願は出したが行方は判らなかった。ホームレスになったらしいとの噂はあったものの、生きているのか死んでいるのか、もう既に五年の月日が経っていた。遺産を分けようとしたが、相続人が揃わず分けることができない、どうしたものかという相談だった。民法はこのような所在がわからない人のために規定を置いている。「不在者」に関する規定である。住所または居所を去った不在者の財産について、どのように管理するかを規定している。家庭裁判所は、利害関係人または検察官の請求により、不在者の財産管理人を選任して管理させる。不在者が生死不明のまま七年以上経っている者であれば「失踪宣告」の手続きをとって、その宣告がなされた時に死亡したものとして取り扱うことができる。相談を受けた時、生死不明ではあったが、五年程度しか経っていないため「不在者」の財産管理人の選任手続きを申請して、私がその財産管理人として選任された。

ものの芽やベンチに寝たる風来坊　鷹雪

「不在者」と認定されるためには証拠が必要で、少なくとも警察に捜索願を届け出て、一定期間を経過していることや、かつて本人が住んでいた住所にいないことなどを具体的に証明しなければならない。警察に届け出ておくと、本人が運転免許を持っていれば、運転免許の更新や交通事故を起こした等で発見されることがある。また、不慮の死を遂げた場合等、死体の特徴等からわかる場合もある。

不在者の財産管理人の権限は、不在者の財産をそのままの状態で管理することが主であり、処分したりすることは原則できず、そのためには家庭裁判所の許可が必要となる。「遺産分割」は処分行為となり、本人に代わって遺産分割協議に加わることができるように家庭裁判所の「権限外行為」の許可を得て他の相続人と共に遺産分割協議を行い、遺産分割協議書を作成して手続きを終えた。父親の財産である不動産を売却し、預貯金を解約してプールし、これを法定相続分通りに分けてそれぞれが取得し、私は所在不明の長男の管理人として現金数百万円を受領し、保管することとなった。無事一件落着。

しがらみをひとつ脱して更衣　鷹雪

一、二年経った頃だろうか。思いも寄らない関東近県の福祉関係の係員から連絡を受けた。何と所在不明だった長男が発見されたのだ。重度の肺結核に罹患し、行き倒れ状態で収容され、病院に入院しているということだった。係員は「事情を聞いて、戸籍等の調査をしたところ、財産管理人がおり、本人が一定の財産を持っているらしいと判ったので電話をした」と説明した。要は福祉の方で本人を収容して病院に入院させた時の立替金があるので、それを回収するために通報してきたと言うのだ。

私は家庭裁判所に連絡を取り、保管金を解約して指定された病院に向かった。そして相続人等に知らせて病院で落ち合った。そこは有名な肺結核専門の病院で、案内されて本人の部屋に入ったところ、重度の状態のためか個室でベッド側に公務員風の二人の男性が立っていた。この二人に挨拶し名刺を交換すると、早速本人かどうかの人定質問と同時に相続人達にも確認してもらった。数年ぶりに親兄弟の対面だった。涙、涙の愁嘆場の脇で私は福祉関係の人と事務的な話を進めた。彼等から収容の際の状態とその時の費用、入院関係の当日までの費用の明細を受取り、本人の同意のもとに現金で支払った。保管金の多くが消えた。彼等は現金を数えて確認すると、そそくさとその場を立ち去って行った。残金は本人に手渡したが、これからの入院治療費は自費で賄わなくてはならない。暗澹《あんたん》たる思いが残った。重症のため、面会時間も短く、後ろ髪引かれる思いで帰途についた。ほどなく本人は亡くなった。親兄弟に看取られた最後だったという。入院費を清算して、それでもわずかに余ったらしい。母親からの感謝が救いだった。

蟻地獄病者の影をもて蔽ふ　波郷

司法解剖

殺人事件などの犯罪による死体については、司法解剖が行われる。我々法律家が最初に司法解剖に立ち会うのは、殆どが司法修習生の検察修習の時だ。この間に殺人事件などが発生すれば、その事件の死体が対象となる。修習生に体験させる司法解剖の場合、できる限りショックが少ないように若くて新鮮な死体が選ばれる。大都会での修習にはこれらの条件を満たす死体に事欠くことはないが、地方になると殺人事件そのものも少なく、司法解剖を経験しないで法律家になってしまうケースもまま見受けられる。私が横浜地検で新任検事と修習生の指導官であった時、司法解剖が横浜市立大学法医学教室で行われることとなった。修習生八人を連れて出かけようとした際、新任検事の三人のうち一人が修習時代に司法解剖を見ていないから是非行きたいと志願し、連れて行った。

一の字に遠目に涅槃したまへる　青畝

解剖室で合掌し、死体にメスが入った。いつでも感ずるのだが、首の下から正中線に沿ってへそを通り、下半身まで一気に切り下げ、左右に体を分ける。独特の匂いがし、見た目にも人間から物体に質的変化を起こすような感覚を覚えて、目眩《めまい》に似た衝撃を受ける。そして内臓が露出してくる頃には大体解剖そのものへの関心から、じっと執刀医の手元を見つめて声も出せない。すると、「ぱたり」と乾いた音がして人が倒れる気配がした。修習生の誰かが倒れたかと思って振りかえってみると、何と件の新任検事が気を失っていた。修習生達は女性二人を含め倒れることもなく、真剣に解剖を見つめていた。自ら進んで検事となり、勇躍して司法解剖を体験しに来た新任検事にしてまさかの気絶。本人には誠に無念だっただろう。大体衝撃的な場面を見て、気弱に目を背け、気を失うのは殆ど女性ではない。むしろ日頃元気な男性のほうが多い気がする。

新松子男の意地の青さかな　鷹雪

私の最初の司法解剖は意外な展開だった。京都修習だったから、京都府立医科大学で解剖が行われた。若い女性の刺殺体が対象だった。修習生二十五名が解剖室に行って見守った。型通り合掌し、メスが入り、解剖が坦坦と行われた。一時間も経っただろうか。突然「君、こっちへきたまえ」と声がかかった。呆然としていると教授は「君しかいないじゃないか。早くしたまえ」慌てて周りを見回すと、他の二十四人は跡形もなくいなかった。みな途中から退席していったらしい。私は教授の言われるままにゴムの手袋をはめ、手術衣を着させられて隣に立たされた。「最近の医学生にもないようないい目をしている。君のような者がいると、こっちもやる気になる」などと言って、医学生にするような詳細な解剖と説明をし、更に手で触れて確認するようなことまでさせられたのである。「どうだ、人間の体は皮一枚下はみな同じなのだ。美しいだろう、見事なものだろう」と熱を帯びて頭の中から足の先まで徹底した解剖が行われたのである。

通常の司法解剖は概ね二時間程度だが、これを大幅に超過する実に七時間にも亘って私のための解剖が行われたのだ。実務上の収穫もあった。身体前面の胸や腹部の刺創による失血死と見られていたが、背面の解剖を行った際、小さな傷だが脊髄を切断する深い刺創があり、これが直接の死因と診断された。
小さい頃から私は注射も医者も嫌いで、医学部へ行こうなどと思ったことは一度もなかった。多分司法解剖など見たら、卒倒するか早々に逃げ出すかするだろうと思っていた。ところが実際に当たってみると、教授も驚く好奇心を見せたのだ。ひょっとすると、隠れた才能があったかもしれない。真実に正面から向かい合う時、意外な人の本性が出てくるのかもしれない。

裁判員の裁く深奥夏来る　鷹雪

ところで、裁判員裁判の死刑判決に加わった裁判員が悲惨な死体の写真に衝撃を受け、PTSDになったと裁判員制度の見直しと損害賠償を国に求めている。裁判員へのケアは大事だが、参政権の拡充である裁判員制度そのものは維持されるべきだ。角を矯めて牛を殺してはならない。

法律相談

その日は同期の弁護士と事務所で訴訟の打合せが予定されていた。外出から帰って事務所に入ると、事務員が「予定外の人が相談に押しかけています」と困り顔。一体どうしたことか。そんな相談に応じている時間はない。お引き取り願おうと応接室に入って、その人に向き合った。中年の一見落ち着いた奥様風の婦人であった。私の顔を見るや満面の笑みで「お会いできて嬉しい。どうか助けて下さい。私は隣人に行動を逐一見張られ、家を出ると後をついてきて監視を続けられている。ここへ来たことも隣人にわかってしまったかもしれない。お願いですからこのような監視を止めるよう、法的な手続きを取って頂きたいのです」と言う。

金輪際わりこむ婆や迎鐘　茅舎

いや参った。このような相談は時折あるのだが、弁護士会や市区町村の無料法律相談の場合に多い。紹介者を経て受任する法律事務所に入り込まれることは滅多にないが、来てしまった。どうしたものか。やむを得ない。本人の言い分を丁寧に聞くこととした。「お話を伺うと、隣人は性格か精神に問題があるように思われます。貴方を監視し続けるのは異常としか言いようがない」と応ずると、婦人は「そうでしょう。来て良かった。私の言葉を信じていただけたのですね。夫も家の者もみんな私の言うことがおかしいと言って、聞いてくれないのです。私がいくら訴えても信じてくれないのです」私は「貴方のおっしゃることが事実ならば、相手は確かにおかしいし、異常と言うほかありません。しかし、そうだとすると、私のような法律家の手に負える相手ではありません」「どうしてですか。先生に法的手段を取って頂ければ、相手は止めるのではないのですか」「いやいや、法律というのは法律を理解し、いけないことをいけないから止める、という正常な精神を持った人を相手にしています。貴方の隣人はとてもまともな者ではないのですから、私が何をしようが聞き入れないと思います」「ではどうすればいいのでしょうか」「専門家にどう対処したら良いか聞くべきでしょう」「専門家っているのですか」「普通でない精神や異常な行動をする人を研究する専門家は、精神科医です。どのような対策を取ったらよいか、専門家である精神科医に相談するのが正しいと思います」「ああなるほど。そういえば主人が精神科医の所へ私を連れて行こうとしていました。私は拒否したのですが、そこへ行って対策を聞けばいいのですね」「それが宜しいかと思います。ただ、貴方一人ではなく、必ずご主人と一緒に行って、貴方の言っていることの裏付けが取れるようにして、相談されたらいかがでしょう」婦人は顔を輝かせた。「ありがとうございます。早速主人に言って、これからその精神科医の所に行かなくちゃ」とそそくさと出ていった。そこへ同期の弁護士が入れ替わり「上手いもんだな。今度から自分もマネをしよう」と冷やかし、事件の打合せに入った。

芋　嵐　受　け　て　い　な　し　て　逆　ら　わ　ず　　鷹雪

数日して電話が入った。婦人の夫からだった。「どのような魔法を使われたのですか。私共でいくら言っても言うことを聞かず、精神科医の所へ行くことを拒んでいたのに、先生の所から帰ってくるなり突然、その精神科医の所へ行くと自ら言い出しました。全くキツネにつままれたような感じで戸惑いましたが、本人の気の変わらないうちにと会社を早退して家内を連れて行きました。そして医師に面接をしてもらい、そのまま入院をして治療を受けていきます。大変お世話になりました。ところで、妻は相談料を払ったのでしょうか。何もしていないに違いないと思い、電話しました」真面目な誠実な方だった。

私は「確かに相談に乗りましたが、法律相談ではありませんでした。法律に関する相談であれば相談料を頂きますが、そうではないので結構です」と答えたところ、しばし納得しない様子であったが「ありがとうございます」といって電話を切った。

感謝こそ冥加なりけり秋彼岸　鷹雪

その年の暮、事務所に「お歳暮」として見事な荒巻鮭が届けられた。

違和感

母親は子どもを捜してくれと訴えていた。そのテレビ画面を見ながら違和感を覚えた。どうもしっくりこない。何故だろう。事件は四歳の女の子が行方不明となり、警察は事件性ありとして本格捜査に乗り出していた。誘拐通告があれば格別、一定の捜査を行って所在がわからない場合、公開して広く情報を求めるのが常であった。広報手段としては有効なテレビに、母親の情報提供を求める姿が繰り返し写っていた。

数日がたち、警察も周辺捜査を徹底したが、手がかりは何もなく、手詰まりの状態に陥っていた。

捜せども釣瓶落しの野外かな　鷹雪

捜査官として見たテレビに映る母親の違和感とは何か。思い当たったのはその母親の化粧だった。子どものことだけを思うなら、髪振り乱すとは言わないまでも必死な形相が感じられるはずだ。ところが、その母親はきちんと化粧をしてテレビに出ることを意識しているかのような奇妙に上気した顔だった。これは注意を外に向けるための演技ではないか。子どもは実はこの母親が殺害して、その家の中に隠しているのではないか。あくまでも捜査官としての勘であって根拠はなかった。

しかし、捜査本部の担当者に「あの母親の自宅を令状を取って家宅捜索してみたらどうか」と話したところ、大変な反発を受けた。「検事さん、あんまりでしょう。実の母が子どもを捜しているんですよ。その母親を疑い、その子が自宅に死体となって隠されているなんかとんでもないことですよ。被害者の家にガサなんか無理ですよ」正に常識的にはそうであったろう。しかし、私は「あと三日、警察として気の済むまで周辺捜査を行って、なお手がかりが見つからないなら検事として捜索令状を請求するからそれを執行してくれ」と押し返した。担当者は「そうまで仰しゃるならウチで「フダ」（令状のこと）を取ってやります。検事さんの指示だと言っていいですね」。そして捜索差押令状に基づき、母親の自宅が捜索された。結果は、押し入れの中からゴミ袋に包まれ、腐敗した状態の子どもが発見されたのだった。母親は子どもを殺したものの、始末に困って行方不明になったと騒いでいたのだ。

刑事は「いやぁ、まさかと思いました。実の母親がこんなことをするなんて。世も末です。検事さんの言うとおり、早くガサ入れをして見つけてあげれば良かった」と述懐した。

爛々と昼の星見え菌生え　虚子

私が在職中だから、昭和の時代の話である。尊属殺人事件が違憲となって間もない頃だった。当時は、まだ母親は自分の身を犠牲にしても子を守るのが本能だと信じられていたのだ。時代の大きな価値観の転換の萌芽は、一見何気ない事件の中に見て取ることができる。その頃、母親による子殺しといえば、自ら命を絶つ際に、道連れとする心中事件と相場が決まっていたものだが、今ではどうか。昭和から平成になり、実の母による子殺しは珍しくなくなった。数年前、秋田で実の子を橋から突き落として殺害したとされる母親がテレビの取材を受けて、堂々と冗舌に無実を主張していた。

子殺しの母捕はるる雨月かな　鷹雪

更に、十数歳まで育て上げた子に保険金をかけて殺害した母親や、離婚後、親権者として子どもを引き取った母親が、新しく同棲する男の指示に従い、あるいはその男に迎合をするために我が子を虐待し、なぶり殺しにする例も少なくない。ごく最近、そのような母親に対して求刑を超える判決が言い渡された。

親子の絆は本能としてあるのではなく、教えられ、教育されて身につくのではないか。「何より大切なのは自分の命だ」と教えた戦後教育の病理現象かも知れない。自分を産み、育ててくれた親よりも自分が大事。よるべない我が子より、今の自分が大事。だから邪魔な親や子より自分を優先させるという、利己主義が根幹にあるのではないか。人間のあらゆる美点も文化も意識して育て、メンテナンスしなければ残ってはいかないものなのであろう。

論告から始まる弁護

「先生は私の味方じゃないんですか。どうして私をそんなに追及するのですか。弁護人だか検事だかわからないじゃないですか。私を調べた検事は、そんなに厳しくなかったですよ」とふてくされる被告人。執行猶予が付くか、実刑になるかボーダーラインの男だ。本人も執行猶予になる可能性が高いと思って期待している。それなのに、自分を庇ってくれるどころか悪い点を厳しく問いただし、許さない「弁護人」。戸惑っている。そりゃそうだろう。私は彼に向かって「論告」をしているのだから。彼が何をしたか、それがどれ程被害者に苦痛を与えたか、その行為が社会的にどのような批判を受けるのか、徹底的に追及する。検事としての経験を生かして最大限に厳しい態度で臨む。私流の弁護である。

自白事件で執行猶予を得られるかどうか微妙だと見た被告人には、厳しい「論告」から始めることとしている。彼が何をし、どのような悪事を犯したか知らしめることから始めるのだ。大体調書の「申し訳ないと思っています」「深く反省しています」等と書かれているくだりなど、常套文句で怪しいものだ。これによって調書に任意性があることの立証に使っているからだ。本人の言ったことをそのまま記載しているから、他の部分も本人が自ら任意に話した通りですよと言う意味だ。調書通り本人が本当に反省しているかというと大体がそうではない。言い分があって、言いたくてしょうが無いのが本音だ。曰く、この程度のことでこんな目に合うのは不当だ。被害者にも非がある。自分だけが悪いのではない。運が悪いだけだ。等々、ちょっと話すとそういったたぐいの言い訳や不満がたらたらと出てくる。そういった態度を改めさせることから始めるのだ。

「君は執行猶予受けたいのか。受けたいのであればそれにふさわしい人間にならなければならない。自分のしでかしたことを自覚し、心から改悟しなければならない。私に向かって不満を言うなど、反省していない証拠だ」と決めつける。「いいか、君は最初の公判で裁判官の前に立ち、たった一時間で執行猶予になるかどうか決められるのだ。裁判官は毎日君のような被告人を見て、刑を決めている。毎日毎日同じような被告人を見ていると、本当に反省しているか、後悔しているか、立ち直ろうとしているかなどすぐにわかってしまう。ごまかすこと等できないのだ。執行猶予を受けるにふさわしい人物だと思われなければ終わりだ。今の君の態度では助からん」と突き放す。さすがに言っている意味がわかるらしい。しまいには黙って私の厳しい「論告」に首をうなだれる。見かけや口先だけでごまかせるほど、法廷は甘くないとわからせる。

秋霜や凝視つづける被告人　鷹雪

すると「先生、良くわかりました。深く反省します。ですから、教えて下さい。どのように裁判官に話したらいいのでしょうか。先生の仰る通りに答えますから」そこで、更に「馬鹿者！」と一喝。「人から聞き、教わったうまい言葉を言おうとすること自体が駄目だ。自分で考えよ。自分の心から絞り出した言葉こそ心を打つ。それがどんなに陳腐でありきたりな言葉でも、自分自身が考え、心を込めて出した言葉にエネルギーがあるのだ。うまく言おうとするな。本当の気持ちを語れ。それこそ裁判官の胸を打つ言葉になる」甘えた被告人に自分で悟り考えさせる。弁護人は本人が心から反省し、更生を誓う心情まで導くのも仕事だ。

こんな流儀をこれまで貫いてきた。誰が聞いても実刑間違いないと言われるような覚醒剤の執行猶予中の再犯の事件についても「再度の執行猶予」を得ることができた。被告人の言葉が裁判官の心を動かし、到底あり得ないのような判決も得られるのだ。正に「身を捨ててこそ浮かぶ瀬もあれ」のことわざを地で行くのだ。

冴ゆる夜のこころのそこにふるるもの　万太郎

このような考えを持つようになったのは検事時代の経験による。起訴猶予で本人を不起訴にしようと思った時は、机を叩いてヤクザを締め上げるような厳しい取り調べで震え上がらせる。二度とこのような場所に来させないためだ。あんな場所に二度と行きたくない、あんな厳しく屈辱的な思いをしたくない、検事の顔など金輪際二度と見たくないと思わせるためだ。

その代わり「こいつ、悪党だな。可能な限り重い刑に処すべきだ」と心証を取った時は、できる限り優しく丁寧に接し、本人の言い分を充分取り上げて調書とする。本人がいかに自己中心的で身勝手であり、被害者や関係者の心を逆なでにするような考えと行動の持ち主であるかを織り込んで調書とする。本人は自分の言い分が、そのまま調書になって満足する。ある意味でお互いに良い関係になる。まるで漫才のように冗談を交えながらニコニコと和やかに調べは進み、検事調書が出来上がる。目の前が真っ暗になるのは、論告求刑を聞いた時であろう。

厳しいのは本人のためを思うからで、優しいのは本人に厳しい思いをさせるためだ。検事から弁護士になって、コインの裏表のように見かけの対応が変わっただけで同じことをしているのに過ぎない。

実 刑 を 辛 く も 逃 れ 寒 明 く る　鷹雪

取り調べも弁護の要諦も、本人のために一番いいことは何かということに尽きる。

人生いろいろ

新宿警察署近くのカラオケバー。番組のスタッフやコメンテーターの吉永みち子さん達とカラオケを歌って騒いでいた。当時流行っていた「人生いろいろ」を入れて前奏が流れたのでステージに立ってマイクを取り、歌おうとした。そこへ小柄な黒っぽい服装をした短髪のサングラスをかけた女性がいきなり私の腕を取った。「何だ、この人は」一般のファンのおばさんの一人と思い込んだ私が歌おうと声を出した途端、その女性も歌い出した。仰天した。何とそれは島倉千代子の声そのものではないか。「これは、本物だ」と思った途端、歌に自信の私の声が素っ頓狂にひっくり返ったそうだ。番組のスタッフがそう教えてくれた。

私の動揺振りがあまりにも面白いということで、沢山の写真を撮られた。まさか本物の島倉千代子と腕を組んで「人生いろいろ」を歌えるなど考えもしなかった。私の日頃の態度からは、想像できない狼狽振りが、スタッフの間でしばらく語りぐさになっていたものだ。撮られた写真と共に、今では宝物の「事件」だ。

虚を衝かれ本性見られ玉の汗　鷹雪

この時、渋谷のＮＨＫで番組出演を終えた彼女は、コメンテーターの一人であった黒田清氏から誘われて、来たのだそうだ。丁度タイミングが良く「人生いろいろ」がかかったので、ステージに上がって来たのだ。私にとっては小学生の頃から知っている大物歌手で、「この世の花」「りんどう峠」「からたち日記」等、子ども心に残っている懐かしい歌の数々。まぎれもない雲の上の大スターだった。一緒に歌えるなど夢想だにしなかったことが現実になった。一緒にお酒を飲んで話をしたはずだが、舞い上がってしまったようで良く覚えていない。

その後、弁護士会の「法律扶助協会」（現在では「法テラス」に継承）から頼まれて、協会宣伝に一役かって頂いたことがある。波瀾万丈の彼女の人生と「法律扶助協会」。目を付けた協会もなかなかのものだし、和服で訪れた彼女も「早く知っていれば」と受け流したのも酒脱だった。繊細でガラスのような天才歌手の過ごした人生は、様々に語られている。

彼女が死の三日前に残した新曲が静かに売れているそうだ。葬儀の時に流された息も絶え絶えの語りの後、歌った最後の曲。胸に切々と伝わってくる想い。最後まで歌手を貫き通した人生。実に見事に人生を締めくくり完成させたと言えるのではないか。

冬菊のまとふはおのがひかりのみ　秋櫻子

「人生いろいろ」の作詞をしたのは作曲家でもある中山大三郎さんだ。この人とはTBSの午後のワイドショーを長くご一緒し、酒を飲み、ゴルフを共にした。ことに彼の亡くなるまでの十年程は、同じゴルフ倶楽部に所属して毎週のように誘われてゴルフに興じたものだ。にぎやかな楽しいゴルフだった。いつも「気付け薬」と称して焼酎を水筒に入れ、録音した鳥の声を流したり、倶楽部のそこここに生えている植物や花について、何の花かどんな香りがするか教えてくれたものだ。実に博学だった。

番組の中で、彼の家を私が突然訪問する企画が進んで、いよいよ翌日訪問というその日、

島倉千代子さんと「人生いろいろ」を熱唱。

彼は喉頭ガンで緊急入院してしまった。そして声を失い、闘病生活が始まった。どんな闘病をしたか。彼は一切の仕事を休止し、ゴルフだけをするようになった。まるでゴルフが治療方法であるかのように。ハンディキャップは私と大して変わらぬBクラスだったのに、プロに師事して基礎を習い、週四、五回もラウンドして腕を上げ、10近くもハンデを縮めてあっという間にAクラス入りしていった。声帯を失いながらも発声方法を会得して、独特の語りで以前にもまして会話も楽しく交わすことができた。人間このような状態になってもまるで若者のように上達し、輝きを増すのかと驚愕を禁じ得なかった。ゴルフというスポーツの奥義を見る思いだった。

闘病五年の春四月。永眠。祭壇中央には倶楽部の名桜一枝と愛用のゴルフバッグが飾られた。

生きて生きて生きて散りけり花吹雪　　鷹雪

ひと箱のどらやき

「嫌疑不十分で不起訴にしたいと思います」女子修習生は結論を口にした。「被疑者は強盗の犯意がありません」確かに調べを遂げるとそのように認められた。このケースは空焚きをして職場を首になったボイラーマンが宿舎を追い出され、生活用品を袋に入れてうろついていたところ、警察官から職務質問をされ、袋を開けて見せたところ包丁が入っていたので、「何だこれは。これで強盗でもする気だったのか」と問われて「はい」と答えてしまったため、強盗予備の容疑で逮捕送検されてきたのだ。

蟇歩く到りつく辺のある如く　汀女

彼女が取り調べると「行き場がなく、どうして生きたらいいのか思案に暮れていたところお巡りさんからこの包丁で強盗でもする気かと言われたので、それもいいかもと思わずはいと答えてしまった。本気で強盗をする気まではなかった」と供述した。確かに具体的に強盗をする計画も認められず、身の回りの物全てを持ち運んで、その中にたまたま包丁が入っていただけのことで、強盗をするために用意した物とは到底言えない。このような事実関係で強盗の犯意が証明できるか。できない。という結論になるのは誠に当然であった。その修習生の結論は正しいものだった。しかし、教官としての私は、その女子修習生に「起訴猶予」を指示した。彼女は顔色を変え「どうしてですか。犯意が認定できれければ嫌疑なしか嫌疑不十分で直ちに釈放すべきです。起訴猶予というのは犯行が一応認められるということではないですか」と激しい口調で抗議をした。私は「君の意見はわかった。しかし、これは指導教官の事件であるから、私が決める。直ちに起訴猶予の処分をした上、保護観察所に連絡するように」と指示を行った。頬を膨らませ憤然としながら、彼女は指示に従ったのである。本人は釈放され、保護観察所に身柄を引き渡された。

夏木立犬も出づるを厭ひけり　鷹雪

こうしたことがあって、一月ばかり経ったある日、見学を終えて修習生室に戻ってきたところ、件の女子修習生の机の上にひと箱の菓子折が乗っていた。担当の事務官が困り切った顔をしてその菓子箱の由来を話してくれた。

釈放した例のボイラーマンが、その菓子折を持ってきたというのだ。「女の検事さんから配慮をして頂き、ボイラーマンの職にありつきました。最初の給料からどうしてもお礼の気持ちを差し上げたいと、菓子折を持って来たのです」。事務官はそういうお礼など決して受け取れない。持ち帰れと押し返したにも拘わらず、彼はそれを置くと逃げるように帰って行ってしまい、困り果ててその菓子折を件の女子修習生の机の上に置いたという次第であった。中身はどらやきが十個入っていた。みな一個づつ食べることになった。

縺れたる話のあとの新茶かな　鷹雪

どういうことか裏を明かそう。犯罪予防更正法（現更生保護法）という法律には、「更生緊急保護」という拘束を解かれた者が、誰からの援助も受けることができない場合、緊急に宿泊所を供与し就職を助けることにより更生を図り保護する手段が規定されており、これを使うことにしたのだ。彼にとって行くべき場所も職業もないまま釈放されても、捕まる前の状態で路頭に迷うだけだ。彼が罪を犯さないためには泊まるべき場所と就くべき職業が必要だとの判断から、この法律の適用を考えたのである。狙い通り彼はボイラーマンの職を得て更生したようだ。更に、配慮してくれた「女検事さん」に感謝の意を表しに来たのだった。

この一件のせいかどうか、彼女は任官を志望するようになった。会社員を夫に持ち、お子さんもいる事情から転勤の多い検察官ではなく、刑事裁判官を目指したいとのことだった。実際に裁判官となってからは、数多くの世の耳目を惹く著名な刑事事件にも関与し、裁判長となっては求刑を上回る判決を出して勇名を馳せたり、時折報道される裁判記事の頼もしい成長と充実ぶりに、教官冥利といえる喜びを感じたものだ。

そして、その彼女も今年定年を迎える。

調停に代わる審判

調停を申し立てた者は申立人、申し立てられた相手は相手方と呼ぶ。遺留分減殺調停事件で入室してきた相手方三人は、男一人、女二人の兄弟であった。兄らしい相手方が「私達はこの調停に応ずることはできません。何故なら、応ずれば、折角遺言書を書いてくれた母の意思に反する親不孝になってしまうからです」その顔つき、言葉使いから、相当学識のある人物と見受けられた。「そうは言っても法律上は申立人に遺留分減殺請求権がありますからね」と向けると「わかっていますよ。裁判をやればこちらが負けるんでしょ」わかった上で言っている。調停委員にとっては難物だ。

「遺留分減殺請求」をご存知だろうか。日本の相続は終戦後、進駐したアメリカ軍によって親族相続法が根底から改変された。家制度を廃止、家督相続が認められなくなったのである。特攻隊員達の残した遺書を見ても、彼らの心情の中に国家のためと共に「家のため」との言葉が多い。アメリカ軍にとってみれば資源も乏しく、体格も貧弱な日本人が精強な戦闘能力を有することは驚異だったに違いない。その精神を養う根本が家という価値に殉ずる発想にあるのではないか。日本を民主化するには国家の体制ばかりでなく、家族や相続のあり方を変えない訳にはいかないと考えたのかもしれない。昭和二十二年、憲法とほぼ同時に民法の親族・相続法が改正された。相続は欧米式に「遺言が原則」となった。古来「家」を守り代々原則として一人が「家督」として受け継いできた文化を、いきなり個人の権限で自由に処分できるという法体系に大転換したのだから、馴染まなかったのは当然である。

跡取りも死語となりけり敗戦忌　鷹雪

戦後六十年も経っているのに、未だに遺言をしている人は少ない。弁護士会も四月十五日を「良い遺言の日」、十一月十五日を「いい遺言の日」等と記念日キャンペーンを行い、私も何度か引っ張り出されて講演をしている。多くの人が遺言しないために、相続は法定相続が主流と言っていいのだ。法定相続は法律が定めているには違いないが、建前としては亡くなった故人が遺言したとすればこのように遺言したと擬制するという形だから例外なのだ。事実、遺言の効力は強い。遺言書があれば不動産の登記はできるし、預金の金も下ろすことが可能だ。ところがこのような遺言にそのまま強い効力を認めると、不都合が生じることがあり得る。典型的なのは愛人に狂ったおやじさんが、全財産をその愛人にやると遺言した場合だ。効力通り認められると、妻子には相続すべき財産がゼロとなる。そのような結果を許すとなると、法律婚の一夫一婦制を原則とする日本の家族制度の根幹が揺らぐこととなる。そこで、遺言によっても奪うことのできない分を「遺留分」として文字通り残すこととしたのだ。概ね法定相続分の二分の一が、遺留分として認められている。

彼岸会の仏の前の義絶かな　鷹雪

今回、亡くなった長男と不仲であった母親は、次男と長女次女に対し、その全ての財産を遺贈する旨の遺言を残し、代襲した長男の子どもが遺留分減殺請求権を行使して調停になったのだ。どう見ても法律上はその権利は認められ、八分の一の権利は否定しようがない。相手方はそれを承知の上で応じられないと声を荒げる。「だってそうでしょ。母親は長男にはビタ一文やりたくなかったからこそ、遺言書を書いたんです。それを法律上認められるからと言って、簡単には応じられませんよ。母の意思はどうなるんですか。そんな母の気持ちに逆らうことなんか我々はできません」

一応言い分には筋が通っている。そこで「貴方も法律はわかって主張されているようだから、感情面の問題と思われる。それではどうしたら遺留分を支払って頂ける感情になるのか、考えられませんか」。相手方は次の期日にこんな提案をしてきた。「母親のお墓に来てくれないか。そこで頭を下げてくれれば遺留分満額を即金で支払う」と言うではないか。そこで、中立人の代理人に対し、その旨を伝えると「中立人本人が来ず、代理人が来ているのは顔を合わせたくないからですよ。請求金額を低くすることで妥協できませんか」。中立人も依怙地だった。頭ひとつ下げれば全額応ずると言っているのに困ったものだ。金額を減ずることでの解決を相手方に向けると「金の多い少ないの問題ではない。自分の親父の行状に対して故人に頭ひとつ下げられないのか。だったら、墓に来ない限り支払いは出来ない」と意地を貫く。そこで私は相手方に「自分の意思で遺留分の支払いに応ずることは出来ないまま、裁判に負けて判決で支払えと言われたらどうしますか」。すると「ああ、それなら判決に従いますよ。自分の意思じゃないんだから。裁判所の命令に従っても自分の意思で支払う訳ではないんだから親不孝にならない」。さて、どうしたものか。従来だったら調停成立の見込みはない、として調停不調となる。次の段階に移り、申立人は改めて地方裁判所に裁判を提起するほかなくなる。のっぴきならない泥沼だ。

白山の雪解うながす夜の太鼓　湘子

その時、妙手を思いついた。平成二十五年一月一日施行の家事事件手続法には、調停に代わる審判という制度が新設されていた。「家庭裁判所は調停が成立しない場合において相当と認める時は当事者双方のために衡平に考慮し、一切の事情を考慮して職権で事件の解決のため必要な審判をすることができる」としている。そこで、裁判官に入室して頂き、申立人から減額できる限度を聞き、その金額を相手方は支払えとの審判をしてもらうこととしたのだ。もっともこれに対しては双方異議を申し立てることができ、その場合は効力を失うが、曰く言いがたい微妙な解決には有効と考えられた。この案件にはぴったりだと考え、この手続に賭けた。請求金額の六割り程度の金額を支払えとの調停に代わる審判を出してもらう。それは裁判所の命令には違いない。相手方が素直に従ってくれれば、全ての問題は解決する。当事者に説明して阿吽の呼吸で審判が出された。異議申立はなされなかった。

運と縁

「先生助けて下さい。息子夫婦が捕まってしまったんです」金融機関に勤めていた件の息子は、同僚の女性と結婚して、新婚旅行にハワイに行き、その日、帰国して親しい親族と宴会をしているはずだった。現に電話の外の陽気な人のざわめきが聞こえていた。「親としては顔で笑って心の中は真っ暗ですよ。ともかく警察へ行って事情を確かめてきて下さい。ここに集まっている者にはハワイで病気になって帰国が一週間程遅れると嘘を付いて取り繕ったので、何とかして下さい」むちゃくちゃな話だ。とりあえず、連絡を受けた警察署へ電話する。名前を告げると、大麻取締法違反の現行犯で逮捕されたとのこと。早速接見に駆けつける。当時は羽田空港からのハワイ便であった。この夫婦も新婚旅行をハワイで楽しんで帰国したところを捕まったのだ。

四月馬鹿一空洞をいかにせむ　源義

息子に接見してみると「新婚旅行でハワイに行って、帰る前日、現地の不良らしい男に絡まれ大麻を押しつけられ、買わされました。捨ててしまえば良かったのですが、お金を払っているので惜しくなり、持って帰ることにしてしまったのです。妻も自分のバッグの中に入れておけば大丈夫じゃないかと言うので、彼女の旅行鞄の中にしまったんです。浮かれて正常な判断ができなかったとしか思えません。そして、帰国のフライトで日本領空に近づいたアナウンスがあった時、我に返りました。とんでもないことをしてしまった。どうしよう。それからは二人でどうするか話し合いましたが、預けたバッグのためにどうにもすることができず、不安と恐怖で帰国しました。入国手続きを済ませて荷物検査の時、怖れが頂点に達しました。たちまち係官から妻のバッグを開けるように指示され、あっという間に大麻が発見されてしまいました。まるでそこにあることが予めわかっているみたいな感じでした。」係官から見れば、二人とも挙動不審で何か怪しいものをバッグに入れているみたいと見え見えの態度だったのであろう。赤子の手を捻るように見透かされたのだ。奥さんの話も付合していた。

さて、これが余人に知れれば二人共会社は解雇され、地元でも信頼を失い、それは本人のみならず、親一族に及ぶ。極秘裏に処理しなければならない。そんなことできるか。絶望的だった。薬物事犯は厳しく、原則として二十日間勾留して起訴される。第一回公判で認めない限り保釈が効かない。ざっと一カ月半から二カ月、身柄が拘束される可能性が極めて高い状態だった。その旨を息子の父親に伝えると、みるみる落胆した。「それじゃ終わりだ。そこを何とかお願いできませんか。勤務先の支店長が来て、ハワイで病気ならハワイの支店の者を行かせますからと言ってきました。固辞したのですが、あまり長くなるとばれてしまいそうです。何とか一週間か十日位で出てくるようにはなりませんか」そんなことを頼まれても出来ることと出来ないことがある。到底無理だ。

ところが、送検される東京地検の麻薬係の検事がなんと知り合いだったのだ。急遽陳情に行った。「新婚旅行ですか。なんとまあ。わかりました。早く送検させて、当たってみて、本当に気の毒な事情であることがわかったなら、善処するよ」と言ってくれた。藁にもすがるというのはこのことだ。「ともかく、送検を受けたら取り調べてできる限り早く起訴をしてもらいたい。そしたら保釈を取るよう頑張るから」と三拝九拝して頼んだ。

手詰りの地獄に仏蜘蛛の糸　鷹雪

三日後「どちらか一方にしようと思ったが、悪いが両方とも起訴する」と連絡してきた。ありがたい。早速、保釈請求を東京地裁に申請した。裁判官にも面接し陳情した。裁判官も被疑者の職業や経歴等からみて、善良な市民であり、新婚旅行でこのような犯罪に巻き込まれたことに若干同情しつつ保釈を許可してくれた。その日の内に保釈金を積んだ。息子の方は警察でその日の夕方釈放された。妻は起訴されると同時に東京拘置所に移監されてしまい、迎えが間に合わず、東京拘置所で釈放されたものの、誰も迎えのないところで二時間程暗い拘置所の塀の外で震えながら立っていたということだ。

逮捕以来、丁度一週間、奇跡の釈放だった。

後日、公判準備で、奥さんに会った時、「警察に逮捕され、検事の取り調べを受け、拘置所に移され、心がこなごなになるような辛い思いをしました。死んでしまいたいと本気で思いました。こんな経験をしたのだから、どんな苦労にも耐えられると思います」と語った言葉が心に残る。
一難去ってまた一難。起訴された以上、公判がある。少なくとも公判の日は休暇を取らなければならない。新婚旅行で休暇を多く取った上、病気ということで一週間余計に休んでいるため、休みを取ることが言い出しにくい。そこで、病後の検査をするという口実で一日だけ休みを取り、公判に臨んだ。予め裁判官に面接し、事情を説明してその日の内に判決をして頂きたいと頼み込んだ。裁判官も一連の事情を知って応じてくれた。十時に開廷、十一時に執行猶予付判決というスピード裁判だった。結局関係者以外、誰にも知られずに事件は終わった。

六月や辛酸共に若夫婦　鷹雪

似た事件がある。今度は高校生だ。彼は交換留学生としてアメリカへ行き、八月初め、成田に帰国して、大麻取締法違反で現行犯逮捕された。名門高校の優秀な学生で、留学先のアメリカの高校でも実力を発揮していたらしい。何の迷いか、先の新婚夫婦と同様、帰国間際、大麻を押しつけられ、そのままそれを持って帰国したのだ。父親は、「九月一日に学校長との留学に関する報告会が予定されています。それまでに何とかならないでしょうか」絶句。またか。身柄の少年事件は家裁送致を受けた後、審判によって処分を決める。その間、送致を受けてから原則として四週間、本人は鑑別所に入れられ、様々な検査や調査を受けることとなる。本人の夏休み中に何とかしなければならない。

旅終へてより B 面の夏休　まどか

まず、本人の住所地のある横浜家裁に一刻も早く送致してもらわなければならない。成田空港署だから、千葉地検に送検されることとなる。誰かいないか。名簿を調べた。天佑か、千葉地検の幹部に知り合いを見つけた。早速、横浜家裁への早期送致を陳情した。ラッキーだった。直ちに千葉地検から横浜家裁に本人の身柄と共に事件は送致され、鑑別所で本人の調査が行われることになった。

少年事件の調査に主として関与するのは、家庭裁判所の調査官と呼ばれる担当者だ。本人のこれまでの生育、家庭環境、学校での行状、成績、友人関係等、様々な分野を調査し、本人の更生にはどのような対策を取るのがベストかを調べて裁判官に報告する。事実上、調査官の意見がその少年の処遇の決定の最大要素と言っていいのだ。裁判官も審判の場において少年に直接会って話はするが、圧倒的に時間が足りない。調査官の報告を始め、警察、検察での捜査資料を元に本人の話を聞いた上で最終的な処遇を決定する。成人の事件と違って本人を処罰する手続きではなく、少年の将来を考えた上でどのようにして立ち直らせるかを専門的な見地から考える「保護」事件なのだ。世の人達からは過保護ないしは甘すぎるとの批判が強い。厳罰化の傾向は今も進行中で、平成二十六年四月には重罰化を認める少年法改正も成立している。

秋暑し蒼き塗装の鑑別所　鷹雪

ただ、この少年は何処をどう調べても非行少年に該当する要素は殆ど無かった。大麻を押しつけられてそのまま持ち帰ったこと以外、問題行動は認められない。調査官に面談して充分に調査をし、できれば八月中に審判期日を入れてもらいたいと頼み込んだ。処分が決定しないまま時間切れで万事休すという事態は避けたかった。調査官も熱心に鑑別所へ通い、本人の人となりも両親を始め、家庭環境も調べてくれた。この少年はこんな所にいるべきではないとの心証を持って八月一杯での審判期日指定を考えてくれた。ところが、思いもしない壁が立ちはだかった。担当裁判官が八月末まで夏期休暇だというのだ。裁判官は七月二十日から八月末までの夏期に輪番制で二十日間きっちり休暇を取る。不運なことにこの少年の担当裁判官は、後期の八月末までの休暇に当たっていたのだ。どうにもならない。結局九月一日の午前十時が審判期日となってしまった。このことを両親に話すと「九月一日は午後一時から報告会なのです。午前中で間に合うかどうか」嘆いてばかりいられない。両親に着替えと制服を用意して車で来るように指示した。九月一日午前十時、審判が開かれ、本人への質問等が行われ、調査官の意見、付添人と呼ばれる弁護人の意見を聞いた上で「不処分」との審判がなされた。文字通り何らの処分も行わないとの決定だ。再犯を行わないように保護司のもとへ通わせる保護観察という処分もなかった。当然、身柄は釈放される。審判終了が十一時。本人と書類が家裁から鑑別所へ回るのがほぼ一時間。鑑別所の入り口で待つ。十二時を越えても出てこない。間に合うか。もう駄目かと思った時に青ざめた顔で本人が釈放され、鑑別所の玄関を出てきた。直ぐに車に乗せて制服に着替えさせ、高校に向かわせた。

何とか滑り込みセーフだったらしい。全く心臓に良くない。結局、事件は学校側に露見せず、本人は無事に三年間の高校生活を終え、有名大学にも合格して卒業していった。

身震ひをして蟻地獄脱しけり　鷹雪

このような事件の弁護を担当して、つくづく思うことは本人の持つ運が七、八割だということだ。こちらの熱意と運もあるが、両者の運と縁が繋がって行った時に良い結果となる。微妙なケースの場合、全力を尽くして、あとは本人の持つ「運」次第だと考えることにしている。神仏に心から祈るような気持ちだ。刑事事件は特にその感を深くするが、難物の民事事件の勝ち負けも似たようなものだ。

篠笛弁護士

テレビ朝日の「スーパーモーニング」というワイドショーで「大澤法律相談所」というコーナーがあった。法律問題や事件を易しく解説する狙いで担当したが、オープニングの紹介ビデオではスーツを着て篠笛を吹きながら登場し、ナレーターが「誰が呼んだか篠笛弁護士」という決め台詞で始まった。数年続いたろうか。

篠笛を習い始めたのは平成十三年十二月からで、そもそものきっかけは、第一東京弁護士会の文化研究委員会が会館の講堂で篠笛の演奏会を開催したことである。今は亡き人間国宝四世寶山左衛門師と同年芸術祭邦楽洋楽両部門で大賞を受賞した同師の弟子の福原徹師が合同で演奏を行った。後々語りぐさになった名演奏で、多くの弁護士会員が酔いしれた。自然発生的に身の程知らずにも、あのような演奏をしたいと思う者達が集まって、福原徹師を師匠として招聘し「一弁笛の会」を結成したのである。実に十数名の参加者があり、弁護士会館の和室に集合して習い始めた。私は楽器はどうも苦手で、何をやっても駄目だという諦観があったので消極的だった。ところがその会の熱心な人物から文化研究委員会の委員長が参加しないのはおかしいと強談判され、既に稽古用の笛も教科書も発注済みだとして引きずり込まれたのである。

案の定、上手くいかない。第一、音が出ない。出ても見るも無惨な擦れた音だ。どうするか。辞めるか。私は事を始めるに当たって、百日主義というやり方をしている。とりあえず百日間毎日努力する。百日行えば習慣化するはず。それでも上手くいかず、好きにもなれず習慣化出来なかったらそこで辞める。生活習慣となったら、そのまま続けるというやり方だ。ともかく、百日間毎日努力だけはすることとした。少なくとも毎日十分間笛を吹く。「一日十分、一週七十分、一年六十時間」を紙に書いて壁に貼った。すると、一月も経たないうちに、曲がりなりにも曲が吹けるようになった。それまで何をやっても出来なかった自分にとっては、ゼロから始めて曲が吹けたという喜びがたまらなかった。

当初は二カ月に一回の稽古だったが、直ぐに一月に一回になった。一回休むと四カ月も空くことになり、モチベーションが持たないからだ。事実、最初集まった理想に燃えた連中も、櫛の歯が欠けるようにいなくなって行った。

間もなく師匠から夏に「浴衣会」というおさらい会を行うと言われた。一門の弟子を前に、舞台に出て演奏するというのだ。ある程度音が出るようになっていった者達は、それを聞いて怯んだが、持ち前の負けん気が怯みを押さえ、腹を据えることとなった。皆で合奏をするのだ。課題曲を与えられ練習することとなった。「荒城の月」だ。邦楽だから着物を着て帯を締め、白足袋を履いて舞台で正座して演奏すると言い渡された。

拍子取る師の叱正や白障子　鷹雪

ところが、どうしたことか私の右膝は曲がらず、正座しようとするとものすごい激痛に苛まれた。参った。まさか大の男が正座できず、横座りして演奏もできまい。何としても正座できなければならない。浴衣会は数カ月先だ。曲の練習ばかりではない。正座をできるようにしなければならない。

知り合いの医師に相談した。検査した後、ことも無げに「加齢によるものですね」とのたまわった。筋肉が老化して衰え、膝を曲げると痛みが出るというのだ。治すには筋肉を鍛え、筋を柔らかくするため、曲げなければならない。スクワットと入浴しての膝曲げを毎日行うこととなった。夜は飲んで帰ることが多いので、毎日実行することはできない。当然朝しかやる時間がない。早起きして実行することとした。男の見栄だ。何としてもビシッと正座して横笛を口に綺麗に当てて演奏したい。その一心であった。百日はかからなかった。ちゃんと正座できるようになった。

今では目覚まし体操と称して毎日ストレッチと筋トレを行う。ストレッチでは相撲の股割を取り入れた。始めは股を開いて座ることすらできない位硬かった。これを毎日体を前に倒す練習を重ね、一～二年の内に頭が股を開いたまま床に付くようになった。体が段々柔らかくなり、頭を床に付きそうな感じがした時、思い切って頭を床に打ち付けた。「ガツン」と音がして、目から火が出た。コブも出来た。だが、この喜びは痛みと共に忘れられない。腹筋、スクワット等のダンベルを使った筋トレを含め三十分間体を動かし、入浴して正座する。完全な朝風呂派になった。

一日を始めるに当たって、血の巡りを万全にしてエンジン全開。朝の早い番組に出演するため、午前五時、六時に家を出る時もそれより一時間以上早く起きて体操だけは怠らない。なんと五十の手習いの笛のお陰で、とてつもなく健康体になった。「加齢」も進行を止めたようだ。

浴衣着て三味に合はする笛稽古　鷹雪

浴衣会で正座はもちろん帯も自分で締めることが出来るようになった。毎日篠笛を吹き、既に十年を超えた。十数人の会員と共に稽古を月一回、弁護士会の和室で行っている。当初の「さくら」「荒城の月」から、今では長唄「娘道成寺」「元禄花見踊」、更には能管も嗜むまでに進化した。国立劇場の舞台で演奏する幸運に二度も恵まれた。会自体も文化研究委員会横笛部会として承認され正式の会務活動になった。いわば公の趣味となったのである。

ところで問題がない訳ではない。テレビに出て、笛を吹き「篠笛弁護士」とまで言われるようになると様々な場所で笛を所望される。困ったことに酒席が多い。ところが酒を飲むと、笛を吹くだけの呼吸量が足らなくなる。アルコールのために唇の形も変化し、音も出ないことがある。散々の失敗も重ねた。晴れの舞台で音が止まり、収拾が付かなくなったこともある。そこで、酒席で笛が吹けるようトレーニングを始めた。朝の練習の他に、夜帰ってきて飲んだ上での寝る前の練習だ。家族には迷惑がられ、犬も吠える始末だ。悪いとは思ったが、百日主義だ。断固実行した。人にはマラソンの高地トレーニングと同じだと言い放った。百日経った。飲んでも吹けるようになった。普段の稽古でも息が長く続き、人より息継ぎをしないで細く長く、それこそ嫋々と吹ける効果があった。「アルコール入り高地トレーニング」は笛の稽古として有効だったと信じている。師匠には叱られそうだが。

祭笛吹くとき男佳かりける　多佳子

このような日本の伝統的な文化に関係する習い事は、外国との取引を主な業務とする「渉外弁護士」と言われる弁護士に多い。外国に行った時にピアノ等の洋楽器を演奏するより、日本固有の楽器や歌を披露したほうが尊敬されるらしい。確かに私も第一東京弁護士会と英国法曹協会との提携調印のため、ロンドンに赴いた際、はなはだ怪しげなレベルだったにも関わらず「荒城の月」を吹いた。大喝采だった。そういえば、上海弁護士会との協定のための彼の地に行った時も喝采を受けた。曲のできからして過分と言えるような反応だった。どちらの場合も後々まであの笛の弁護士として記憶されたようだ。私の篠笛は、稽古用の竹の笛ではなく、黒い漆塗に赤い藤で巻いた笛を使用している。赤と黒のコントラストで外国人から見ると美術品に見えるらしい。しかも、リードもなく、ただ穴が空いているだけの楽器が曲を吹くのだから、妙に感激してくれる。軽くて荷物チェックにも触れることなく、何処にでも持ち運べて効果抜群だ。今も外国へ行く弁護士が入れ替わり立ち替わり参加してくる。

邦楽の笛の効用もあなどれない。

「一弁笛の会」の発表会で篠笛を吹く。

ライフワーク

平成九年、神戸で発生した「酒鬼薔薇事件」にワイドショーは席捲された。二人の児童が殺害され、うち一人は首を切断されて校門に曝されるという猟奇的な事件で、酒鬼薔薇聖斗を名乗る者が警察や新聞社に挑戦状を送りつけるなど劇場型の犯罪のうえ、警察が捕らえた犯人が当時十四歳の中学生だったことも衝撃的だった。

殺傷の逢魔が時の鬼火かな　鷹雪

当時私は、水前寺清子さんがキャスターを勤めるテレビ朝日の「ワイドスクランブル」のコメンテーターとして、この事件に関するコメントも再三行った。だが、この事件報道の終盤に出た「二十八年前の酒鬼薔薇事件」と題する月刊「文藝春秋」誌に掲載された記事と、これを追った同番組の取材放送は、私を打ちのめした。それは、「酒鬼薔薇事件」

の二十八年前の昭和四十四年に発生した高校生による同級生殺害事件の後追い記事であった。この少年は同級生の首を切断して殺害し、医療少年院に送致され、矯正教育を受けて更生の道を辿り、少年院を出た後、名前を変え、著名な大学及び大学院へ進学し、遂には司法試験にまで合格して弁護士になっていた。一方被害者遺族は、自分の子供がどこでどのように殺害されたのか、そして加害少年がどんな処分を受け、どうなったかも全く知らされずに現在にまで及んでいることを報告していた。そして当の「酒鬼薔薇事件」では被害者の児童の両親が少年法の厚い壁に阻まれて、一切の情報を得られないことを訴えていた。

冬服の衣嚢《かくし》が深く手を隠す　誓子

犯罪被害者の問題が、強く意識されたきっかけとなった事件のひとつである。実際、「酒鬼薔薇」はこの少年と同じ医療少年院に送られ、同様の矯正教育を受けた。殺人という最大限の罪を犯した少年が保護処分によって少年院で再教育され、社会に復帰した後、最高学府に進み、司法試験にまで合格した事実は正に少年法の精神を生かした最大の成功例とも言えるであろう。私はその少年がその後、弁護士となったことに強い衝撃を受け、自分が合格した年に事件が発生したことにも深い因縁を感じた。原罪意識というべきか。私達弁護士は、加害者である被疑者被告人を弁護することを何の疑問も持たず、当然の使命と考えていた。

春愁や悪の味方と謗らるる　鷹雪

加害者に厚い保護がある一方で、被害者は無慈悲で不条理な扱いを強いられて来たのだ。加害者を擁護するのが弁護士の務めなら、被害者を擁護するのも車の両輪のように弁護士の使命でなければならない。「我々弁護士は被害者のために組織的な活動を行わなければならないはずだ。自分の使命としたい」と、思わず決意をコメントに込めていた。犯罪被害者の権利を擁護する組織を弁護士会の中に作る。新たなやりがいを感じ、早速同志を募って翌年四月から研究会を立ち上げた。そして、犯罪被害者のための委員会の設立と支援の組織による無料法律相談実施を目標に、ノンポリの私が犯罪被害者の支援組織を創設するとの公約を掲げて平成十一年度の副会長へ立候補し、幸い無投票で当選した。四月に就任すると犯罪被害者支援の委員会設立の承認を理事者会で取付け、常議員会での議決を得て、七月に正式に委員会として発足した。八月に約六十名にのぼる相談員を確保し、九月に入り被害者無料法律相談を実施するとマスコミ発表し、新聞やテレビ番組等に大きく取り上げてもらい、反響を呼びつつ、無事にスタートを切った。

その後の犯罪被害者の人権拡充の動きは革命的で、裁判に参加し証人尋問や被告人質問、論告求刑もできるまでになった。何の権利も認められず、無視され続けた一九〇〇年代とは見違えるような法廷に変わった。動きの鈍い刑事司法界において、疾風怒濤の改革を目の当たりにすることができ、法律家冥利に尽きる感激を味わった。副会長は厳しい勤務だったが、志を実現し、司法改革の真っ只中にあってその推進の一翼を担えたことは心の財産となった。

その被害者委員会に先駆け、文化研究委員会に「マロニエ句会」を作ったことも誇って良いだろう。後に、「笛の会」も部会となった。この仕事と趣味は私のライフワークだ。

あとがき

「俳句事件簿」は、平成二十三年二月の本阿弥書店の「新春の集い」で、「俳壇」の田中編集長から打診された。翌三月に東日本大震災が発生。それ以前とそれ以後で価値観や考え方が大きく変わる転換点だった。四月に入って正式に原稿の依頼を受けた。弁護士として私が見聞した身近な事件や出来事、人々の顛末等を俳句を交えて毎回読み切り別テーマで千六百字程度にまとめて欲しいというものだった。

エッセイには著名俳人の句と私の句を二～三句入れるという条件が付いていて、これが結構苦しみの元だった。話のネタについては、私の検事や弁護士として携わった事件、調停委員や弁護士会活動、テレビのコメンテーターとしての経験、体験から事欠くことはなかった。講演会や講義等で様々な視点から話していたから、いくらでもと言ったらオーバーだが、書けると思った。しかし、俳句を織り交ぜるとなると、若干怯むところがあった。俳名だけでわかるような著名俳人の中から、テーマにふさわしい句を探し出すのが一苦労だった。また、自分の句の中からそのテーマにマッチする句を選び、あるいはこれに合わせて作句するという困難が重なった。しかも、毎月別テーマで書いてゆかなければならない。一つの傾向に固まらず、時には閑話休題的な題材も取り入れなければならなかったし、日々の仕事の合間に時間を作るのがなかなかだった。

だが、慣れてくると「次は何にするか。その次はこれにしよう」等とテーマを予め五、六本考えて表にしておき、日頃から心掛けて俳句を探し作句した。まず「俳句ありき」があった。思えば難しいから楽しいのだ。俳句の精神に通ずるところがある。季語を決めて句を作るようなもので、縛りがあるから書くべきテーマが決まる。そんな感じだった。

「俳壇」連載は平成二十三年七月号から始めて二年間の予定だったが、望外の好評とて六カ月延びて平成二十五年十二月まで継続することができた。単行本に際しては、後半に原稿を六本追加した。田中利夫編集長と素敵なブックデザインをしてくれた斉藤舞佳さんに心からお礼申し上げる。

平成二十六年五月

大澤孝征

著者略歴

大澤孝征（おおさわ・たかゆき）

一九四五年、神奈川県生まれ。

一九六九年、早稲田大学法学部卒業。同年九月司法試験合格。七二年、検事任官。東京・宮崎・横浜地検検事を歴任。七九年、検事を退官し弁護士登録。大澤孝征法律事務所を開設。少年法や家事事件、犯罪被害者保護法等に精通。コメンテーターとして、民法テレビやラジオ番組に出演。九九年、第一東京弁護士会俳句部会「マロニエ句会」創設。「春月」同人。俳号は鷹雪《ようせつ》。

大澤弁護士の俳句事件簿

平成二十六年六月十日　第一刷
著　者　大澤　孝征《たかゆき》
発行者　本阿弥秀雄
発行所　本阿弥《ほんあみ》書店
東京都千代田区猿楽町二―一―八　三恵ビル
〒一〇一―〇〇六四
電話（〇三）三二九四―七〇六八（代）
振替　〇〇一〇〇―五―一六四四三〇
印刷・製本＝日本ハイコム株式会社
定価はカバーに表示してあります。

ISBN978-4-7768-1105-3 C0095 Printed in Japan